BRUNELLO SOUZA STANCIOLI

RELAÇÃO JURÍDICA MÉDICO-PACIENTE

2ª Edição

BRUNELLO SOUZA STANCIOLI
Mestre e Doutor em Direito pela UFMG
Academic Visitor, Oxford University
Professor nos cursos de Graduação e Pós-graduação na Faculdade de Direito da UFMG

RELAÇÃO JURÍDICA MÉDICO-PACIENTE

2ª Edição

Del Rey editora
Belo Horizonte
2021

Impresso no Brasil | Printed in Brazil
EDITORIAL DEL REY LTDA

www.editoradelrey.com.br

Editor: Arnaldo Oliveira

Editor Adjunto: Ricardo A. Malheiros Fiuza (*in memoriam*)

Diagramação: Studio Schaffer

Coordenação editorial: Letícia Neves

Revisão: Responsabilidade do autor

Editora:
Rua dos Goitacazes, 71 – Lojas 20 a 24
Centro - Belo Horizonte-MG
CEP 30190-909

Comercial:
Tel.: (31) 3284-3284 | 3293-8233
vendas@editoradelrey.com.br

Editorial:
editorial@editoradelrey.com.br

S784r Stancioli, Brunello.

Relação Jurídica Médico - Paciente / Brunello Stancioli; Prefácio de Ronaldo Behrens. - 2. ed. - Belo Horizonte, MG : Editora Del Rey, 2020.
152 p.; 13,5x20,5 cm.

Inclui bibliografia.
ISBN 978-65-5791-018-4

1. Direito. 2. Direito Médico. 3. Relação Jurídica. 4. Relação Médico – Paciente. I. Título. II. Assunto. III. Stancioli, Brunello.

CDD 342.52:610
20-99068010 CDU 346.548:616-082

ÍNDICE PARA CATÁLOGO SISTEMÁTICO
1. Direitos básicos do consumidor; Responsabilidade do fornecedor de produtos e serviços; Medicina.
2. Proteção e defesa do consumidor: Atendimento médico - paciente..

Ficha catalográfica elaborada pelo bibliotecário Pedro Anizio Gomes CRB-8 8846

Em memória de meu pai

Advertência ao leitor

Esse livro teve por base minha dissertação de mestrado, orientada pelo Prof. João Baptista Villela e defendida no ano de 2000. Em 2004 houve a 1ª edição, pela Editora Del Rey.

Passados 20 anos da defesa resolvi, junto à Editora, lançar a 2ª edição.

Fiz poucas mudanças. Mas ainda acho o livro atual, especialmente em tempos de pandemia e debates sobre uso de velhos e novos medicamentos.

Brunello Stancioli

Nota explicativa

O estudo da relação jurídica entre médico e paciente é, a um só tempo, fascinante e complexo. Por trás do objetivo imediato – explícito na própria denominação do trabalho – vários escopos mediatos fazem-se presentes, sendo de bom alvitre esclarecê-los.

A primeira grande meta é, sem dúvida, o resgate da individualidade do ser humano. O fulcro dessa busca assenta-se, inexoravelmente, no delineamento da autonomia da vontade do indivíduo.

Partindo dessa ideia – que pode ser vista como o epicentro teorético da argumentação aqui desenvolvida –, buscou-se demonstrar como, através da história (em especial a partir da República), a práxis médica, no Brasil, desmantelou a autodeterminação dos indivíduos enfermos. Essa é a base do Capítulo I do trabalho.

Do plano histórico para o epistemológico, procedeu-se a uma análise crítica da ciência médica, denunciando seu vezo positivista. Da atuação de médicos e membros do corpo clínico, pode resultar a redução do paciente ao status de objeto de conhecimento. Para evitar esse nefasto "efeito colateral" da medicina, apresentou-se uma proposta ética: a atenção à autonomia do paciente. Tal mote, como será visto, conformou todo o resto da pesquisa.

Para o estudo da autonomia, foi necessário revisar, ainda que brevemente, alguns pontos da teoria de Immanuel Kant. Tal escolha não é arbitrária, pois, além da grandeza da obra desse autor, seu modelo de autonomia é, ainda hoje, o mais utilizado na doutrina bioética.[1] Verificou-se, no entanto, que tal modelo de autonomia – ligado ao idealismo alemão e imiscuído à ideia de autossuficiência – não parece ser o mais adequado para as demandas jurídicas e sociais hodiernas. A crítica à obra de Kant, precipuamente quanto à fenomenologia, é contundente e reveladora. Adotou-se, então, outro modelo teórico, que apregoa a construção dialógica da autonomia. Pelo estudo da filosofia (contemporânea) da linguagem, precipuamente calcada nas obras de Foucault, Gadamer e Habermas (e das discussões desses autores), pode-se afirmar que a autonomia da vontade é o resultado do contínuo erigir de uma consciência crítica dialógica[2]. O objetivo maior da relação médico-paciente está aqui: o entendimento dialógico entre ambos, em que o médico (com todos os membros do corpo clínico) toma o paciente não como objeto, mas como sujeito; em suma, o "outro" tem algo a dizer. Esse é o desenvolvimento básico do Capítulo II.

Esta postura deve ser perseguida. E a dogmática aduz o seu cumprimento, aliviando, um pouco, o enorme fardo imposto à ética. O Capítulo III trata do consentimento informado, que pode

---

1 Por todos, verifique-se uma das mais influentes obras no domínio da bioética: BEAUCHAMP, Tom L. & CHILDRESS, James F. Principlesofbiomedicalethics. 4. ed. New York: Oxford University Press, 1994, p. 56 et seq.

2 Cf. KÖGLER, Hans Hebert. The powerof dialogue: criticalhermeneutics after Gadamer and Foucault [Die MachtdesDialogs: KritischeHermeneutiknach Gadamer Foucault undRorty]. Transl. Paul Hendrickson. Baskerville: MIT Press, 1996, p. 116.

ser visto como a aplicação da autonomia dialogal. Além disso, o mesmo capítulo apresenta várias técnicas de respeito à vontade do enfermo.

O Capítulo IV trata da privacidade na relação entre médicos e pacientes. Pode-se afirmar que, muito além do "direito a estar só" (*righttobeletalone*) – de certa forma oposto ao ideal de relação embasada no diálogo –, a ideia de privacidade apresentada funciona como adutora da autonomia. Estreitamente correlacionada à não-segregação, incrementa as esferas de diálogo do paciente, favorecendo a sua autodeterminação.

Finalmente, o Capítulo V é uma avaliação do direito ao tratamento. São apresentados dois princípios imemoriais da ética médica – o princípio da não-maleficência e o da beneficência – frequentemente invocados como norteadores da atuação médica. Procede-se a uma releitura desses princípios, subsumindo-os no princípio da autonomia do paciente.

Esse é, resumidamente, o plano do trabalho. Seu objetivo, ainda que cheio de imperfeições, é a busca de um modelo de indivíduo autônomo (e não autossuficiente), crítico, que, sem abrir mão de seus valores, apresenta-se disposto a relacionar-se, exercitando sua liberdade.

Prefácio à Segunda Edição

Após ter recebido o telefonema do Brunello Souza Stancioli com o convite para escrever o prefácio à esta segunda edição e assim que diluí a emoção que me consumiu parte do dia em função desta inesperada honraria, meus primeiros pensamentos sobre esta empreitada me trouxeram conforto, pois conheço e admiro o Autor desde nossa adolescência e já havia lido incontáveis vezes o "Relação Jurídica Médico-Paciente".

Ledo engano, pois a reverência que tenho tanto pelo Autor e quanto por esta sua obra transcendem minha razão, interagindo com meu espírito; e ainda por que o prefácio à primeira edição é, per si, um texto belo, preciso e envolvente, cheio de "razão e sensibilidade", de autoria de nosso Professor Titular João Baptista Villela.

O *Relação médico-paciente* deveria ser leitura obrigatória para quem trabalha com assistência na saúde e para os profissionais do Direito que se deparam com questões dessa indústria.

Se vivemos tempos desafiadores para nossa civilização, com um empobrecimento do debate e com convicções confinadas em pouco estudo, quem milita no setor da saúde consegue compreender que, neste ecossistema, tudo sempre foi assim no que diz respeito à relação com o paciente.

Mesmo com o notável desenvolvimento da bioética após a Segunda Grande Guerra, mesmo com a velocidade e acesso às informações que têm nos beneficiados ao longo dos últimos trinta anos, infelizmente o processo de diálogo entre profissionais da saúde e pacientes não se aproximou de um ideal desejado.

Daí, de antemão, a importância e beleza dessa magistral obra publicada originalmente em 2004, a partir da dissertação de mestrado do Autor. E isto porque a mesma, com extrema generosidade de propósito e positividade, joga por terra uma determinada afirmação dos atores da saúde que se percebem melhores do que antes em termos de comunicação com seus pacientes. Não estão e a simplicidade brilhante do texto de Brunello Souza Stancioli nos valida isto.

A obra é perfeita neste quesito, pois envolve do início ao fim um leitor curioso sobre o tema e comprometido com um trabalho "conduzido com método e seriedade [...] com observância dos padrões internacionais de investigação científica", como bem afirmou no prefácio à edição original, o Professor João Baptista Villela.

Contudo, não é esse o maior benefício deste trabalho! Para entender a pertinência de seus ensinamentos, é necessário que compartamos algumas ideias que convergem, segundo minha visão, para o tema central desta obra.

Neste sentido, atualmente, é fácil encontrarmos *workshops* e escritos sobre o tema da "experiência do paciente". Para variar, muitas são as publicações e *posts*, mas poucos são os estudos aprofundados sobre o assunto. Talvez, quem mais tenha conduzido pesquisas sobre este tema tenha sido o *The BerylInstitute.*

Referida instituição publicou, recentemente, o resultado de uma pesquisa[3] conduzida com duas mil pessoas, em cinco países

---

3 Wolf, Jason A. *Consumer Perspectives on Patient Experience.* 2018. Disponível em: bit.ly/34aMXRXbit.ly/

de quatro continentes. Provou-se, por este trabalho, que os pacientes percebem como pontos mais importantes para que haja uma boa experiência, fatores como "ser ouvido" e manter "uma comunicação clara e de maneira compreensível". Dentre as dez primeiras escolhas dos pacientes, sete são itens ligados ao estabelecimento de um processo dialógico e, portanto, focado nas pessoas.

Em 2013, a *Haute Autorité de Santé*[4], na França, publicou uma revisão bibliográfica[5] de mais de cem artigos científicos sobre o tema "decisão médica compartilhada" ou *shareddecision making*, com o objetivo de avaliar o impacto do mesmo sobre os pacientes.

Como conclusão, o estudo chega a algumas questões centrais que indicam a necessidade de se adotar a metodologia no sistema de saúde: (i) pois é fundada sobre o princípio do respeito da pessoa e promove maior participação do paciente; (ii) pois representa uma melhoria da qualidade dos cuidados e da segurança do paciente; e (iii) pois pode significar uma redução dos custos por uma assistência inapropriada, o que se adequa ao princípio da solidariedade.

Nesta mesma trilha, defende-se muito que a participação do paciente em seus próprios cuidados tem como boa consequência uma melhoria dos resultados do tratamento (desfecho clínico e segurança). Esta é a conclusão de uma revisão bibliográfica feita

---

4 Instituição pública independente, cuja missão é avaliar os serviços de saúde naquele país e propor boas práticas. Ver em: https://www.has-sante.fr/.

5 Haute Autorité de Santé. *Patient et professionnels de santé :décider ensemble Concept, aidesdestinéesauxpatients et impact de la « décisionmédicalepartagée »*. 2013. Disponível em: bit.ly/2NdbVJsbit.ly/2N.

por Doyle et al (2013)[6]. Outros sugerem, inclusive, possível redução de custos para o sistema.

Ainda, diversos outros estudos relatados em importantes publicações trazem ideias semelhantes, dando o devido relevo à participação do usuário. E as instituições nacionais e internacionais têm usado de criatividade para materializar referida participação. Vale observar, por exemplo, a experiência relativa aos conselhos de pacientes, já existentes em diversos hospitais brasileiros e magistralmente descrita por Pomey et al.[7], da Universidade de Montreal.

Já se pode perceber que o nó górdio de todas essas iniciativas é tratado e cortado nesta obra, uma vez que se baseiam todas elas na comunicação que deve ser estabelecida entre o paciente e seu médico de confiança, expandindo-se para todos os demais atores do sistema de saúde.

A indústria da saúde tem procurado, às vezes de forma despropositada, conversar com o usuário, seja porque está na moda, seja porque há uma real exigência neste sentido, ou ainda porquê compreendeu que um paciente ativado e engajado em seu tratamento traz melhores resultados clínicos e tem o potencial de economizar recursos.

---

6 Doyle, Cathal; Lennox, Laura; e Bell, Derek. *A systematic review of evidence on the links between patient experience and clinical safety and effectiveness*. BMJ Open 2013;3:e001570. Disponível em: https://bmjopen.bmj.com/content/3/1/e001570.citation-tools.

7 Pomey, Marie-Pascale; Hihat, Hassiba; Khalifa, May; Lebel, Paule; Néron, André; and Dumez, Vincent (2015).*Patient partnership in quality improvement of healthcare services: Patients' inputs and challenges faced*. Patient Experience Journal: Vol. 2 :Iss. 1 , Article 6.Disponívelem: https://pxjournal.org/journal/vol2/iss1/6.

O que, infelizmente, poucos têm a maturidade de perceber é que tudo nos leva a uma profunda e radical necessidade de aceitação do ser humano em toda sua individualidade, conceito cujo resgate é um objetivo declarado do trabalho de Brunello Souza Stancioli em suas Notas Explicativas.

Exatamente por isso, uma pesquisa perfeita é mostrada nesta obra acerca da autonomia do indivíduo; curiosidade que se encontra presente, inclusive, em outras milhares de horas de estudos acadêmicos do Autor.

Novamente, merece carimbo de "maestria" o prefácio à primeira edição do Professor João Baptista Villela quando o mesmo fala das "relações de poder" e nos subjuga ao dizer que "a lição que nos compete daí tirar é que as relações humanas – e é delas e com elas que se entretece o direito – carecem não apenas de diálogo, mas também de amor e compaixão".

Brunello Souza Stancioli resume bem esta ideia ao se contrapor ao que denominou "efeito nefasto da medicina" ao ter transformado o paciente em mero objeto de conhecimento. Contra isso, faz um chamamento ético e expõe um ideário: "o objetivo maior da relação médico-paciente [deve ser um] entendimento dialógico entre ambos, em que o médico [...] toma o paciente não como objeto, mas como sujeito".

Afinal, o ser humano, em suas diversas relações, está condenado ao constante diálogo com outro ser humano. Por que na medicina deveria ser diferente, exatamente quando mais precisamos de apoio e compreensão por estarmos extremamente fragilizados?

O mais bonito é observar que uma abertura ao diálogo e aceitação para com o outro tem um efeito curativo sobre nós mesmos, uma vez que fazer isso de forma genuína requer uma abertura que é somente possível a partir do nosso próprio centramento e humildade. Talvez por isso o Professor João Baptista Villela tenha enunciado que esta postura representa *in fine*, "para o médico uma libertação".

Caríssimo companheiro Brunello Souza Stancioli, tenho desenvolvido com esta sua Obra, já ao longo de quinze anos, uma relação bastante presente de amor e ódio, pois em alguns momentos ler seu texto conforta meu coração ao propor uma clara missão à minha atuação profissional e pessoal, mas em outros me coloca diante de um espelho que reflete uma imagem da minha própria ignorância e falta de humildade.

Muito embora eu seja daqueles que se podem classificar como "oito ou oitenta" ou "passional", meu respeito aos seus ensinamentos é muito profundo, o que me faz dedicar a este seu trabalho pelo menos dois slides nas mais de cem apresentações que fiz ao longo desses anos: "o paciente deve ser sujeito da relação" e as bases de um bom relacionamento com o paciente deve se dar com "amor e compaixão".

Adotar em minhas andanças profissionais uma obsessão pelo diálogo, respeito ao próximo enquanto ser autônomo, me proporcionou muitos abraços de médicos e pacientes e me trouxe muitas lágrimas em momentos de extrema conexão com um meu semelhante.

Interferir de forma tão positiva na vida das pessoas é algo que somente se consegue com uma inabalável ligação com o próprio propósito de vida. E é algo belo e mágico ter acesso a um pouco de sua essência refletida nesta sua Obra.

Aquele telefonema, naquela tarde, além de um presente e honraria, chegou a mim como chamamento a continuar aquela missão que todos tínhamos há algumas poucas décadas atrás, de "mudar o mundo". Por meio dessa sua inteligência privilegiada, o conhecimento tornou-se uma excelente ferramenta para nossa construção.

Para sempre, meus agradecimentos!

Ronaldo Behrens

Doutor em Direito Público pela
Université Lille 2, França. Advogado.

Sumário

1

Formação da Medicina Científica no Brasil

> Efetivamente julgo que o corpo não se trata por meio do corpo [...] mas o corpo por meio da alma.[8]

INTRODUÇÃO

A história da relação entre médicos e pacientes, no Brasil, ainda é bastante obscura. Muito embora haja boas obras acerca da história da medicina brasileira, os objetos de estudo não são idênticos. Deve-se proceder a um corte epistemológico que realce os papéis, o exercício da medicina e os jogos de poder entre médicos e pacientes.

Essa empreitada apresenta grandes desafios, dos quais o imenso pluralismo cultural do Brasil é apenas um. De fato, ele se reflete na medicina, pois só em um passado relativamente próximo seu exercício, passou a ser exclusivo dos médicos, e assim é atualmente. A "medicina brasileira", ao menos até a vinda da Corte Portuguesa para o Brasil, não podia ser considerada ciência. Diversos campos de saber interpenetravam-se no exercício da arte curativa. As várias manifestações religiosas no Brasil con-

---

8 PLATÃO. A república. 8. ed. Lisboa: Fundação Calouste Gulbenkian, 1996, p. 146.

tribuíram, sobremaneira, para a construção de uma medicina que pode ser caracterizada como xamanista.

As normas jurídicas, delineadoras da relação entre médicos e pacientes, também apresentam dificuldades para o trato histórico. Provêm de várias fontes, como leis, costumes profanos e religiosos etc. As vetustas Constituições do Arcebispado da Bahia são um bom exemplo do exposto. Como será apresentado, foram um rico manancial de normas que incidiram, à época, sobre o exercício da fisicatura.

Pluralismo, ausência de sistematização e falta de um campo epistemológico bem delineado podem ser apontados como algumas das dificuldades para o estudo histórico da relação médico-paciente no Brasil.

1.1 Fases históricas

O primeiro passo para o estudo histórico, ao que parece, deve ser a delimitação de fases que se diferenciam por um critério definido (e não sem uma certa arbitrariedade na escolha).

A finalidade precípua dessa exposição histórica é tornar explícita a formação de bases positivistas da medicina no Brasil. Assim, demonstra-se como a ciência "apropriou-se" desse campo de saber e ganhou bases aparentemente autolegitimadas. Dessa forma, o status (presente ou ausente) de ciência atribuído à medicina no Brasil parece ser o melhor critério.

Assim, pode-se valer (com alguns ajustes terminológicos) da periodização de Lycurgo Santos Filho, desenvolvida em obra até hoje fundamental para o assunto[9]:

---

9 Cf. SANTOS FILHO, Lycurgo. História geral da medicina brasileira. São Paulo: Hucitec, 1976, v. I, p. 5-13.

- Fase pré-científica – Essa fase (dos primórdios da colonização até a vinda da Corte Portuguesa para o Brasil) é caracterizada pelo exercício "indiscriminado" da arte curativa. Agia como "médicos" uma vasta gama de atores, de campos de "conhecimento" os mais diversos, como curiosos, feiticeiros e físicos, misturando "medicina" indígena, afro-brasileira, ibérica etc.
- Fase de transição – Compreende um espaço temporal menor, que se inicia em 1808 (chegada de D. João VI no Brasil), passando pela criação, em 1830, da Sociedade de Medicina e Cirurgia no Brasil e, em 1841, no Rio de Janeiro, do primeiro hospital de doentes mentais[10].
- Fase positivista – Com base no conhecimento obtido na fase anterior, representa a constituição da "medicina brasileira", em bases científicas, sob forte influência do positivismo. Pode-se dizer que sua práxis perdura até a atualidade.[11]

A MEDICINA PRÉ-CIENTÍFICA

Dos primórdios da colonização até o início do século XIX, pode-se afirmar que, praticamente, não havia físicos ou cirurgiões, dotados de "saber oficial", nas terras da Colônia, seja no litoral, seja no interior.[12] Além disso, os medicamentos vindos da

---

10 Cf. MACHADO, Roberto et al. Danação da norma. Rio de Janeiro Graal, 1978, p. 376.

11 Cf. SANTOS FILHO. Op. cit., p. 12.

12 Cf. ALGRANTI, Leila Mezan. Famílias e vida doméstica. In: MELLOE SOUZA, Laura. História da vida privada no Brasil: cotidiano e vida privada na América portuguesa. São Paulo: Companhia das Letras, 1997, p. 126-127.

Corte "eram raros e chegavam muitas vezes já deteriorados".[13]

A população recorria, então, a formas alternativas de saber médico. As presenças indígena e africana contribuíram sobremaneira para a formação de um saber curativo altamente sincrético.[14]

O exercício prático da fisicatura e da cirurgia tinha forte enraizamento religioso. De certa forma, é correto afirmar que, em terras da Colônia, predominava a imagem medieval de que a doença correlaciona-se com o pecado:

> "A doença era, muitas vezes, percebida como a prova da ira de Deus; assim sendo, somente com penitências – como a ingestão de substâncias repugnantes – é que se alcançava um bom estado de saúde."[15]

A religião, ou seja, a teoria da base sobrenatural das doenças era o medium existente entre os saberes indígena, africano e português. Esse amálgama cultural, fundado na crença metafísica da doença e da cura, norteou a práxis médica nos três primeiros séculos da Colônia.

Vários exemplos ilustram a escassez de recursos médicos na Colônia, bem como a estreita relação entre o exercício da fisicatura e da cirurgia e a religião.

Márcia Moisés Ribeiro afirma que fezes humanas foram largamente utilizadas como "remédio", pois, além de se ter obviamente fácil acesso a elas, cria-se que "a ingestão do medicamento

---

13 ALGRANTI. Op. cit., p. 127.

14 Cf. RIBEIRO, Márcia Moisés. A ciência dos trópicos: a arte médica no Brasil do século XVIII. São Paulo: Hucitec, 1997, p. 16.

15 RIBEIRO. Op. cit., p. 72.

significava expiar possíveis pecados cometidos".[16] A mesma autora apresenta dois exemplos singulares, demonstrando a suposta força curativa do corpo humano morto (mais uma vez se faz presente o caráter místico da medicina à época). Para casos de calvície, era crença que raspar "a cabeça a navalha quatro ou cinco vezes, e untá-la com sebo de um homem esquartejado, ou com o seu óleo [faria] nascer cabelo".[17] Se o problema fosse afecções da pele, "o cirurgião Luis Gomes Ferreira dizia que era infalível colocar sobre os locais afetados a mão de um defunto e deixá-la até que estivesse fria".[18]

2.1 A disputa pelo controle do corpo (e da alma!)

Apesar do abandono, quase total, em que se encontrava a Colônia, a Coroa e a Igreja não deixavam de intervir, sempre que possível, no exercício da fisicatura e da cirurgia "não-oficiais". As Ordenações Manoelinas, por exemplo, cuidaram de reprimir práticas mágicas curativas, tachadas de feitiçaria:

> "Ordenações Manuelinas, Livro V, Título XXXIII
> Dos feiticeiros, e das vigílias que se fazem nas Igrejas
> [...]
> E PORQUANTO Nos he dito, que Nossos Reynos, e Senhorios, antre a gente rustica se usam muitas abusões, assi como passarem doentes por filuão, ou machieiro, ou lameira virgem, e assim usam benzer com espada que matou homem, ou que passasse o Doyro, e Minho tres vezes [...] E porque taees abusões, e outras semelhantes

16 RIBEIRO. Op. cit., p. 72.

17 RIBEIRO. Op. cit., p. 59.

18 RIBEIRO. Op. cit., p. 75.

> nomDeuemos consentir, Mandamos, e Defendemos, que pessoa algûanom faça as ditas cousas [Sob pena de que] seja pubricamente açoutado com baraço e preguampola Villa [...]".

As Constituições do Arcebispado da Bahia dedicaram amplo esforço para reprimir as diversas manifestações mágicas, usadas para curar. O seu Livro V, Títulos I a V, detalha os diversos ilícitos e as penas correspondentes a tais exercícios de "feitiçaria". Note-se, por exemplo, o Título V (do mesmo Livro V), que trata das penas dos que usão das cartas de tocar e de palavras, ou bebidas amatorias, ou cousas semelhantrs [sic]:

> "899 Prohibimos estreitamente a todos os nossos ubditos, que usem de palavras, cartas de tocar, e de cousas, que affeiçoem, e alienem os homens de suas mulheres, e as mulheres de seus maridos, e de medicamentos, que tirem o juizo, ou consumão os corpos [...]".

Até mesmo os (poucos) medicamentos que, porventura, eram utilizados na Colônia, sofriam controle da Coroa como se percebe das Ordenações Filipinas, no seu Livro V, Título LXXXIX, impondo que ninguém tenha em sua cazarosalgar, nem o venda, nem outro material venenoso:

> "Nenhuma pessoa tenha em sua caza, para vender, rosalgar [arsênico] branco, nem vermelho, nem amarelo, nem solimão, nem aguadelle, nem escamonéa, nem opio, salvo se fôrboticario examinado, e que tenha licença para ter Botica, e usar do Officio [...]".

No entanto, o saber médico "oficial" não diferia, fundamentalmente, das práticas da fisicatura e da cirurgia exercidas na Colônia. Pelo contrário, as suas bases teóricas e epistemológicas também apregoavam fundamentos metafísicos para enfermidade e cura. A concepção de doença e de tratamento encontrava apoio em teorias pré-modernas e "amesquinhoada e apoucada num meio obscurantista ainda imerso no medievalismo, como o luso castelhano, que permaneceu fechado por séculos ao renascentismo."[19]

Um exemplo claro da crença, em bases pré-científicas, para a medicina, é fornecido pelas Constituições do Arcebispado da Bahia, no Livro I, Título XV, o qual impunha que "os médicos e cirurgiões devem admoestar aos doentes, que se confessem e communguem":

> "160 Como muitas vezes a enfermidade do corpo procede de estar a alma enferma com o peccado [...] mandamos a todos os médicos, e Cirurgiões, e ainda Barbeiros, que curão os enfermos nas Freguezias
>
> [...] antes que lhe appliquemmedecinas para o corpo, tratem primeiro da medicina da alma, admoestando a todos a que logo se confessem [...]".[Grifou-se].

Parece que a legitimidade da medicina era proveniente da "fonte" de saber, isto é, era "oficial" segundo características subjetivas, e não objetivas (avaliação epistemológica do saber em si). Luiz Mott aponta um bom exemplo da tênue fronteira entre as práticas médicas lícitas e aquelas consideradas feitiçarias. Segundo esse autor, no século XVII, o vigário geral dos dominicanos, Frei Alberto de Santo Tomás, dedicou vários anos de sua vida ao combate dos "feitiços". Sua arma era a sedução, pelo exercício religioso da cura, usando-se de artifícios extremamente semelhantes àqueles usados pelos charlatães, como rituais de benzeduras, uso

---

19 SANTOS FILHO. Op. cit., p. 153.

de mezinhas, velas etc[20]. Em suma, pode-se afirmar que "saber se a cura foi conseguida com amparo do céu ou inferno dependia, antes de tudo, da legitimação de tal prática".[21]

Dentre os maiores instrumentos de busca do "controle da arte curativa" (e, em última instância, do próprio corpo e alma) foi a criação, em 1521, dos cargos de Físico-mor e de Cirurgião-mor, buscando-se a "regulamentação dessas práticas [a cirurgia e a fisicatura] através de leis que visam a legitimá-las e fiscaliza -las".[22]15 Já em 1744, tendo como intuito específico a disciplina da cura nas terras da Colônia, o Físico-mor elaborou regimentos da profissão a serem observados.[23]

As Ordenações Filipinas não deixaram de tratar do assunto, no Livro I, Título LVIII:

> "33. [O Corregedor ou a seu mando], quando fizer correição, se informará nos lugares, em que a fizer, se hanellesMedicos, que curem de Medicina, ou Cirurgiães, ou Sangradores, ou pessoas outras, que curem de Cirurgia, ou que sangrem, e quantos são, e os mandará virem todos perante si, e os constrangerá mostrar as Cartas de seus grãos, ou provisões per que curam ou sangram. E não lhas mostrando [...], se presentem na Corte, os Medicos perante o FisicoMór, e os Cirurgiães e Sangradores perante o Cirurgião Mór, para se livrarem da culpa [...]".

---

20 Cf. MOTT, Luiz. Cotidiano e vivência religiosa: entre a capela e ocalundu. In: MELLO E SOUZA, Laura. História da vida privadano Brasil: cotidiano e vida privada na América portuguesa. São Paulo: Companhia das Letras, 1997, p. 196-198.

21 RIBEIRO. Op. cit., p. 94.

22 MACHADO et al. Op. cit., p. 27.

23 MACHADO et al. Op. cit., p. 30.

A sofisticação do controle fica mais acentuada em 1782, quando D. Maria I cria a Junta de Protomedicato. Esse tipo de órgão foi uma centralização dos poderes do Físico-mor e do Cirurgião-mor. Compunha-se de um Conselho ou Tribunal, composto de sete deputados, sempre visando ao controle da medicina. Sua função era burocrática e administrativa, buscando a normatização e legalização da fisicatura e da cirurgia:

> "Espécie de tribunal da medicina que julgava e punia quem transgredisse seus regulamentos no exercício da 'arte de curar'. Ação, portanto, limitada ao interior da própria medicina e assim mesmo do tipo jurídico e punitivo. [Sua intervenção era] paradoxal- mente mais jurídica que médica".[24][Grifou-se].

Assim, nos três primeiros séculos da Colônia, há duas faces do controle da medicina: o controle secular e o eclesiástico-inquisitorial. Se o ilícito fosse o exercício ilegal da arte, o problema era resolvido ante o Cirurgião-mor ou o Fisico-mor (e, posteriormente ante a Junta de Protomedicato); caso houvesse suspeita de envolvimento com magia ou superstição, o julgamento dava-se perante a Igreja.[25]

Pode-se afirmar, com certa segurança, que as relações entre "médicos" e enfermos não eram das mais tranquilas, à época. Desde os mais tenros anos da Colônia, a imbricação entre medicina e poder era muito grande, seja pelo exercício "xamanista" da arte curativa (poder metafísico), seja pelas punições da Coroa e da Igreja (poder jurídico-punitivo).

A vinda da Corte Portuguesa, para o Brasil, em 1808, iria modificar, ligeiramente, a situação.

---

24 MACHADO et al. Op. cit., p. 37-38.

25 RIBEIRO. Op. cit., p. 103.

A FASE DE TRANSIÇÃO (DE 1808 A 1889)

O período compreendido entre a vinda de D. João VI para o Brasil (1808) e a proclamação da República (1889) pode ser considerado um prelúdio do modelo médico e sanitário que viria instalar-se no país. No entanto, caracterizando-se como uma fase de transição, entre a medicina pré-moderna e a moderna, faziam-se presentes, também, elementos da fase anterior, no ensejo da apuração da doença e busca da cura.

Um dos sinais distintivos dessa época é o predomínio da medicina francesa. Precipuamente após a independência do Brasil, instalou-se uma forte lusofobia, aproximando o ensino e as práticas médicas brasileiras do modelo francês de medicina.[26]A influência da França fez-se tão marcante que até o médico particular de D. Pedro II - Dr. Sigaud - era francês.[27] A criação das escolas de medicina em Salvador e Rio de Janeiro propiciou, também, um enraizamento mais forte do saber médico no Brasil, a ponto de, em 1866, ser criada a Escola Tropicalista Bahiana.[28]

3.1 Velhas estruturas e o sanitarismo nascente

Nesta segunda fase, havia diversas práticas e instituições remanescentes da pré-modernidade médica da Colônia. A Junta de Protomedicato, por exemplo, fora extinta por D. João VI,

---

26 Cf. SANTOS FILHO. Op. cit., p. 11-12.

27 Cf. ALENCASTRO, Luiz Felipe. Vida privada e ordem privada no Império. In: ALENCASTRO, Luiz Felipe (Org.). História da vida privada no Brasil - Império: a Corte e a modernidade nacional. São Paulo: Companhia das Letras, 1997, p. 80.

28 Cf. MACHADO et al. Op. cit., p. 36.

em 1809. Este, no entanto, restabeleceu, os cargos de Cirurgião e Físico mores.[29]22 A fitoterapia, derivada da grande influência indígena na arte curativa, também fazia-se presente. O Decreto n. 33, de 27 de julho de 1813, é bem uma síntese desse vezo. A medicina buscava o conhecimento "popular", mas tratava de torná-lo "oficial":

> "Decreto n. 33 de 27.07.1813 - Secretaria do Estado dos Negócios Estrangeiros e da Guerra - Pede uma declaração circunstanciada dos produtos medicinais indígenas de cada uma das Capitanias Ilm.º. Exmo. Sr. O Príncipe Regente Nosso Senhor é servido ordenar que V. Ex. ouvindo o Físico-mor dessa Capitania sobre a qualidade e quantidade dos produtos medicinais indígenas da Capitania, haja de exigir dele uma declaração circunstanciada dos mesmos; bem como do modo mais próprio de os haver no seu estado de perfeição para serem aplicados aos enfermos que existem no Hospital Real Militar desta Corte [...]"[30].

Posteriormente, na década de 1840, a homeopatia foi tachada de charlatanismo, visando a reforçar o saber médico "oficial".

Parece, entretanto, que a característica mais marcante dessa época foi o ambiente propício para o modelo médico-sanitarista que estava por vir. Até mesmo o grande Machado de Assis já apresentava alguns sinais de preocupação com a higiene das cidades: "Ver melhor o que? Não, seguramente, os morros doentios.

---

29 Cf. SANTOS FILHO. Op. cit., p. 7.

30 Não foram revelados, pela fonte, os nomes das Capitanias mencionadas: CUNHA, Manuela (Org.). Legislação indigenista no século XIX. São Paulo: Edusp, 1992, p. 87-88.

A praia era outra coisa"[31]. A preocupação não era infundada. A falta de higiene e as crescentes populações urbanas formavam um quadro lastimável e assustador. A cidade de Salvador fornece um bom exemplo do ambiente insalubre que se instalava nas concentrações urbanas, à época:

> "A rua era também lugar de comer e beber [...]. Se acrescentarmos a tudo isso as cadeirinhas [...], os porcos e os cachorros, os pássaros engaiolados, os negros a apregoar tapetes ou chapéus e as valetas onde aportavam, vindas das lojas e das casas, todas imundícies imagináveis [pode-se vislumbrar] os ruídos e odores [presentes] na cidade".[32]

Assim, como consequência lógica, várias epidemias - de cólera, varíola, febre amarela, dentre outras - ocorreram na cidade do Rio de Janeiro (1850-1860) e na Bahia (1850).[33] De resto, todas as províncias - umas com maior, outras com menor intensidade - foram devastadas por doenças infectocontagiosas.[34]

Concomitantemente, a "medicalização" das doenças, em detrimento das práticas curativas ditas arcaicas, começava a invadir o Brasil.[35]28 Médicos franceses e americanos traziam na bagagem o novo modelo, que seria adotado com vigor após o advento da República: o sanitarismo higienista. Parece que a lusofobia, instaurada nas terras da ex-colônia portuguesa, buscava raios de luz, ainda que pálidos, advindos do iluminismo

---

31 MACHADO DE ASSIS. Quincas Borba. 6. ed. São Paulo: Ática,1985, p. 83.

32 QUEIRÓS MATTOSO, Katia M. Bahia século XIX: uma província no Império. 2. ed. Rio de Janeiro: Nova Fronteira, 1992, p. 437.

33 Cf. ALENCASTRO. Op. cit., p. 67-68.

34 Cf. ALENCASTRO. Op. cit., p. 68.

35 Cf. ALENCASTRO. Op. cit., p. 73.

instaurado na França e estendido, em suas bases ideológicas, à jovem nação americana. Tudo que lembrava Portugal parecia arcaico e atrasado. O cargo de Físico-mor, por exemplo, foi definitivamente extinto em 1828, como símbolo do afastamento da influência portuguesa.[36]A modernidade buscada na França também forneceria bases para curar o povo doente. Esse será o mote da "medicina republicana".

A MEDICINA POSITIVISTA NA REPÚBLICA

'No século XIX, vê-se a medicina ganhar grande influência do positivismo de Augusto Comte, representando o positivismo médico.[37] Segundo Foucault, "época que marca a soberania do olhar, visto que no mesmo campo perceptivo, seguindo as mesmas continuidades ou as mesmas falhas, a experiência lê, de uma só vez, as lesões visíveis do organismo e a coerência das formas patológicas".[38]

Começa a existir uma oposição entre a cura e a prevenção das doenças. Mais que isso, um antagonismo entre a medicina individual, considerada arcaica, e a medicina social, que representa uma nova racionalidade e propicia sua penetração na sociedade, visando a formar e a reformar física e moralmente o cidadão.

---

36 Cf. MACHADO et al. Op. cit., p. 179.

37 Cf. SEVCENKO, Nicolau. Introdução. O prelúdio republicano: astúcias da ordem e ilusões do progresso. In: SEVCENKO, Nicolau (Org.). História da vida privada no Brasil – República: da belle époque à era do rádio. São Paulo: Companhia das Letras, 1998, p. 14.

38 FOUCAULT, Michel. O nascimento da clínica [*Naissance de la clinique*]. Trad. Roberto Machado. 4 ed. Rio de Janeiro: Forense Universitária, 1994, p. 2.

A gênese da "sociedade disciplinar", que objetiva o controle e reforma psicológicos do indivíduo, criando em torno do enfermo a noção, cada vez mais acentuada, de seu perigo para a sociedade. Vários eram os institutos de controle, vigilância e correção do indivíduo na época, como a prisão, a polícia médica e o hospital.

Somente a medicina, acreditava-se, poderia ter controle total do organismo do indivíduo. Deveria ela, portanto, dirimir os comportamentos, até mesmo dando-lhes novas bases de moralidade, mais "saudáveis", e não corrompidas por quaisquer tipos de doença.

Ocorre, antes de tudo, um processo de "medicalização da sociedade", interveniente, de maneira global, na vida dos indivíduos.[39] O médico deveria dificultar ou impedir o aparecimento da doença, lutando no nível de suas causas, contra tudo o que na sociedade pudesse interferir no bem-estar físico e moral dos indivíduos:

> "[É] o reconhecimento de que a partir do século XIX a medicina em tudo intervém e começa a não ter mais fronteiras; é a compreensão de que o perigo urbano não pode ser destruído unicamente pela promulgação de leis ou por uma ação lacunar, fragmentária, de repressão aos abusos, mas exige a criação de uma nova tecnologia de poder capaz de controlar os indivíduos e as populações tornando-os produtivos ao mesmo tempo que inofensivos".[40]

Ao mesmo tempo produz-se, definitivamente, a "oficialização" do saber médico. Ou seja, somente podem exercer a medicina aqueles que têm aval oficial do diploma em Medicina, não

---

39 O Conceito de "medicalização da sociedade" foi proposto por Illich:Cf. ILLICH, Ivan. A expropriação da saúde: *Nêmesis Medicale: L'expropriation de lasanté*]. Trad. José K. de Cavalcanti. 4. Ed. Rio de Janeiro: Nova Fronteira, 1975, passim.

40 MACHADO et al. Op. cit., p. 156.

sendo mais permitidas práticas médicas alternativas, tachadas de curandeirismo. A medicina aproxima-se do Estado, agindo como fonte de ordem, sob o império da razão, e, mais, de distribuição de uma suposta forma de justiça.

Sendo assim, o objetivo da medicina social emergente era formar e reformar o cidadão, física e moralmente. O paciente era tomado como um objeto a ser moldado embases definidas pela nova "ordem médica", posta a serviço do Estado, com controle total do indivíduo. Esse paciente não era sujeito de seu próprio tratamento, não possuía autonomia ou interação com a prática médica, detentora do verdadeiro saber conformativo do corpo e da moral.

A relação entre medicina e poder estatal é muito estreita, devendo aquela fazer uso desse para atingir os seus fins. Assim:

> "A relação com o Estado não é algo fortuito, lateral ou secundário, dentro do projeto de constituição da medicina social. As medidas de controle social, que decorrem da própria essência de seu tipo de racionalidade, colocam esta presença na estrutura do Estado, como uma exigência indispensável a seu funcionamento"[41].

Então, medicina e Estado, mancomunados, buscavam controlar o indivíduo, utilizando-se de técnica e poder político.

4.1 A "nova ordem médica" encontra suporte na dogmática jurídica

Os surtos de febre amarela, acentuados pelo crescente processo imigratório e de urbanização do Brasil, à época, fizeram crescer as doenças na população.

---

41 MACHADO et al. Op. cit., p. 234.

Além do "grande perigo" da febre, tornaram-se corriqueiras as epidemias de cólera-morbo, varíola, malária, tuberculose e até mesmo peste bubônica. Na cidade de Santos, por exemplo, entre 1890 e 1900, 22.588 pessoas morreram, vítimas das diversas doenças. Esse número correspondia, aproximadamente, à metade da população daquela cidade.[42] A proliferação das doenças, acentuada pela crescente imigração e urbanização do Brasil, à época, fizeram crescer o terror, ante as doenças, na população. Além disso, o desenvolvimento ferroviário criou um perigoso veículo de comunicação das epidemias entre campo e cidade.

Os maiores causadores de tais surtos de doenças, apontados à época, foram as habitações populares e os cortiços. Em menor escala, os centros de aglomeração humana, como fábricas e escolas. Seguiu-se, então, um regime normativo draconiano contra esses "vilões" da saúde pública. Veja-se, por exemplo, o Código Sanitário (Decreto n. 233, do Estado de São Paulo, de 2 de março de 1891):

> Art. 138. Deve ser terminantemente proibida a construção de cortiços, convindo que as municipalidades providenciem para que desapareçam os existentes.
>
> Art. 503. Os médicos, gerentes de fábricas, diretores de colégios ou de quaisquer habitações coletivas devem ser obrigados a denunciar imediatamente os casos que verificarem de moléstia epidêmica, transmissível ou suspeita de o ser.

Surge então o modelo de combate às doenças, baseado em dois pilares: o projeto campanhista policial, dando azo ao surgimento da polícia médica,[43] e o projeto tecno-assistencial, de com-

---

42 Cf. LANNA, Ana Lúcia Duarte. Uma cidade na transição – Santos: 1870-1913. São Paulo: Hucitec, 1996, p. 69.

43 Em Minas Gerais, por exemplo, tem-se o Decreto nº 1.367, de 2 de março

bate aos micro-organismos, em conformida de com a nascente teoria bacteriológica. Tal projeto visava a acabar com as duas supostas causas das epidemias.

A teoria do contágio afirmava que os agentes responsáveis pelas doenças passavam de corpo a corpo. A solução consistia em desinfectar domicílios, objetos pessoais (e, eventualmente, sua destruição), a vacinação e, principalmente, o isolamento hospitalar.

A teoria da transmissão (ou infecção) afirmava que pelo solo e pela água ocorria a disseminação de doenças. Uma das consequências lógicas dessa teoria foi a criação de cemitérios distantes das cidades, impedindo-se que os mortos fossem enterrados nas igrejas.

4.1.1 Os projetos sanitários e algumas de suas consequências

Para acabar com as epidemias, medicina e Estado lançaram mão de vários expedientes.

Os hospitais, por exemplo, longe de objetivarem a cura, visavam à exclusão. Telarolli Júnior chega a chamá-los de "antecâmaras da morte".[44] Essas instituições proliferavam-se, tendo por escopo o controle, nos âmbitos corporal (de tempo e espaço), político e judiciário (sujeição do enfermo a normas próprias, bem como a punições e recompensas), além do controle episte-

---

de 1900, que "aprova o regulamento da Polícia Sanitária", para, conforme seu art. 1º, "prevenção e repressão dos abusos que possam comprometer a saúde pública".

44 Cf. TELAROLLI JÚNIOR, Rodolpho. Poder e saúde: as epidemias e os serviços de saúde em São Paulo. São Paulo: Unesp, 1996, p. 153.

mológico do saber médico (a já ressaltada "oficialização" desse saber). As taxas de mortalidade eram elevadas nessas instituições. Segundo Telarolli Júnior: seu art. 1°, "prevenção e repressão dos abusos que possam comprometer a saúde pública".

> "A permanência no hospital trazia pouco benefício ao doente. A limitação de pessoal, a internação simultânea de um grande número de doentes num pequeno espaço de tempo e a falta de tratamentos eficazes elevavam as taxas de mortalidade [...]. Como consequência, com frequência se observavam índices de mortalidades superiores a 50% em muitos hospitais de isolamento em São Paulo. [Acarretavam em] elevadíssima mortalidade nos hospitais de isolamento para febre amarela não raro aproximando-se dos 70% [...]".[45]

A dogmática jurídica cuidava de legitimar a total aniquilação da vontade, autonomia e privacidade dos enfermos, conduzindo -os para a morte "higienicamente correta". Assim, por exemplo, dispunha, no Estado de São Paulo, o Decreto n. 219, de 1893:

> Art. 3° As desinfecções dos domicílios onde se verificarem casos daquelas moléstias, ou terminarem pela cura, por óbito [sic] ou pela remoção dos doentes para os hospitais de isolamento, são encargos da seção de desinfecções.
>
> [...]
>
> Art. 5° A remoção e condução dos doentes para os hospitais de isolamento e dos cadáveres de indigentes de moléstias infectuosas estão a cargo da Estação Central de desinfecções.

---

45 TELAROLLI JÚNIOR. Op. cit., p. 153, 155.

> Art. 6º Este serviço é feito pelos carros especiais que dos domicílios transportam os doentes para os hospitais e os cadáveres para o cemitério.

A vacinação obrigatória foi a medida profilática que, ao menos aparentemente, ganhou maior destaque à época. A Lei n. 13, de 7 de novembro de 1891, do Estado de São Paulo, e a Lei n.12, de 13 de novembro de 1891, de Minas Gerais, para a criação de um instituto vacínico na Capital e que, em seu Capítulo II trata da "obrigatoriedade da vacinação e revacinação", são apenas dois exemplos da imposição de tratamento à época.

Essa atitude deu azo, no Rio de Janeiro, à famosa Revolta da Vacina. Chegou-se a tomar tal levante como uma rebelião desarrazoada, de ignorantes que lutavam contra seu próprio bem:

> "O motim [que ficou conhecido] como a Revolta da Vacina, de 1904 [...] é um dos episódios menos compreendidos da história recente do Brasil. Do ponto de vista das autoridades as pessoas se revoltaram porque na sua ignorância tinham medo e desconheciam o processo de imunização das vacinas. esse sentido, teria sido um levante irracional, de gente rude, com mentes obsoletas e incapazes de compreender o curso inexorável do progresso".[46]

Na verdade, o ocorrido tem causas muito mais profundas. Parece ter sido um grito de desespero de vários seres humanos que tiveram sua identidade e autonomia solapadas ao extremo. Uma população que perdia suas moradas, era compulsoriamente enclausurada nos hospitais de isolamento e estigmatizada como portadora de pestilências nocivas à sociedade em geral.

---

46 SEVCENKO. Op. cit., p. 24.

De qualquer maneira, a partir da década de 1910, as epidemias começaram a ser controladas.[47] No entanto, a práxis médica, embora de maneira mais sutil, continua, até os dias atuais, a violar, muitas vezes, a individualidade do paciente. A imbricação da medicina com o xamanismo e, posteriormente, com o poder e controle políticos, parecem ter-se arraigado na tradição brasileira. As raízes positivistas perduram, urgindo a elevação do paciente ao status de sujeito do próprio tratamento.

Deve-se, portanto, concentrar esforços no estudo da autonomia do paciente, na tentativa de fornecer soluções, ainda que mínimas, para a relação entre o corpo clínico e o enfermo.

47 Cf. GARCEZ MARINS, Paulo César. Habitação e vizinhança: limites da privacidade no surgimento das metrópoles brasileiras. In: SEVCENKO, Nicolau (Org.). História da vida privada no Brasil – República: da belle époque à era do rádio. São Paulo: Companhia das Letras, 1998, p. 155.

2

Autonomia: o resgate do sujeito de direito por trás do paciente

> Não há nada de mais sedutor para o homem que o livre arbítrio, mas também nada de mais doloroso.[48]
>
> Dostoiévski

O CARÁTER POSITIVISTA DA MEDICINA

No capítulo anterior, afirmou-se a urgência da autodeterminação do paciente. Há necessidade, pois, de se realizar respectivo estudo. Para tanto, proceder-se-á a uma análise de estrutura da relação atual entre a medicina e seu objeto de conhecimento, com um breve e genérico ensaio epistemológico.

De fato, com essa análise, revela-se clara a imposição ao paciente do status de mero objeto, quando não é respeitada a sua vontade no tratamento.

Em termos genéricos, o exercício da ciência, segundo o modelo positivista, pode ser ilustrado com o seguinte esquema:

---

48 DOSTOIÉVSKI, Fiódor M. Os irmãos Karamazov. Trad. Natália Nunes e Oscar Mendes. Rio de Janeiro: abril, 1971, p. 190.

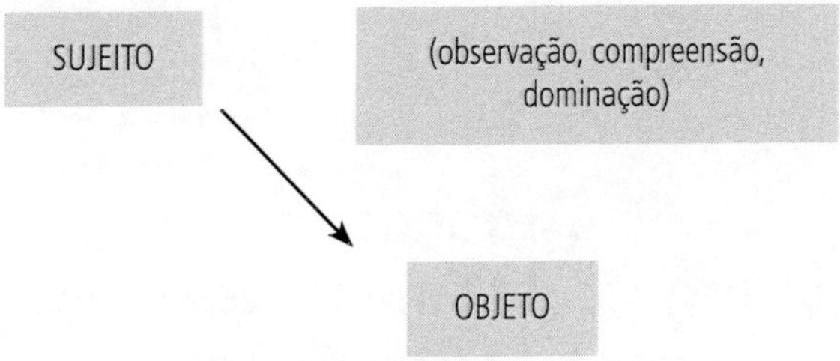

Figura 1 – Relação cognitivo-científica

Podem ser dados exemplos de aplicação desse modelo positivista (de ciência), pertencentes a áreas alheias à medicina: o físico tentava dominar a natureza, observando suas regularidades e traçando leis; o cientista social procedia igualmente em relação à sociedade etc.

Na ciência médica, a situação agrava-se, pois seu objeto coincide com o ser humano:

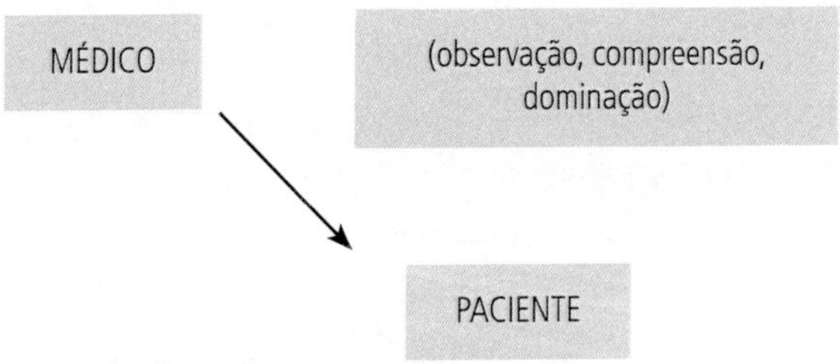

Figura 2 – Relação cognitivo-científica na medicina

Ocorre, portanto, uma "objetificação" do homem.[49]

---

49 O neologismo pareceu inevitável, pois não foi encontrado vocábulo, em português, que designasse a "condição de tornar objeto". Assim, lançou-se mão dos vocábulos latinos *objectum*e *facere*(fazer objeto) para cunhar tal palavra. A língua inglesa emprega o equivalente *objectification*, amplamente utilizado na doutrina bioética.

Não é em vão que Rabinow, ao tornar explícito o pensamento de Michel Foucault, identifica, pelo menos, três formas de realizar essa objetificação, no concernente à submissão do indivíduo às práticas médicas.[50]

A primeira forma de objetificação é o status imposto pelo isolamento e consequente segregação do enfermo. Estropiada pela reclusão no hospital, a identidade do paciente assume contornos peculiares; sua autonomia vê-se dilapidada pela própria escassez de contato com o mundo exterior ao nosocômio.

A segunda forma de objetificação do ser humano, muito próxima da primeira, é a sua classificação científica. Através do discurso médico, por vezes inacessível aos leigos, o paciente recebe um invólucro determinado, com o qual deve conviver daí por diante, aparecendo dessa maneira ante a sociedade. É a imposição científica de um estigma, de maneira exógena ao doente. O indivíduo passa a assumir o contorno específico de sua doença, deixando de ser "normal", para ser aidético, canceroso etc.

A terceira forma de objetificação do sujeito é a reconstrução de seu ego. Através de todo um aparato linguístico, o paciente internaliza recomendações médicas. E o faz, pelo temor das consequências (veladas, sugeridas, supostamente graves), caso desobedeça ao profissional de saúde. Suporta, assim, passivamente, várias formas de tratamento, mesmo que lhe sejam desconhecidas ou desagradáveis.

O neologismo pareceu inevitável, pois não foi encontrado vocábulo, em português, que designasse a "condição de tornar objeto". Assim, lançou-se mão dos vocábulos latinos *objectum*

---

50 Cf. RABINOW, Paul. Preface. In: RABINOW, Paul (Ed.). *The Foucault reader*. New York: Pantheon Books, 1984, p. 7-11.

e *facere* (fazer objeto) para cunhar tal palavra. A língua inglesa emprega o equivalente *objectification*, amplamente utilizado na doutrina bioética.

Esse caráter nefasto, em que incidiria a práxis médica, deriva, precipuamente, ao que parece, de um tropismo positivista, presente ainda hoje. Grimberg aponta dois pontos básicos, que bem exemplificam esse vezo médico. Primeiramente, o cientificismo exacerbado, que retira o caráter pessoal da relação médico-paciente, em prol do desenvolvimento tecnológico. Em segundo lugar, mas não menos importante, o organicismo redutor, o qual reduz toda doença a uma lesão orgânica. Dessa maneira, afirma o autor:

> "O positivismo vê sempre a doença segundo um esquema redutor que não leva em conta a vida do organismo inteiro, em seus contornos [...]. Na sua vontade de dominar, se não a doença, pelo menos o doente, o positivismo não encara senão os fatores sobre os quais pretende agir com eficácia".[51]

A solução ética para o problema, ainda que sujeita a imperfeições, é o incremento da autonomia do paciente. Assim, corpo clínico e enfermo assumem posições, no seu relacionamento, que tendem a ser ética e juridicamente equânimes, uma vez que há igualdade ideativa entre ambos.

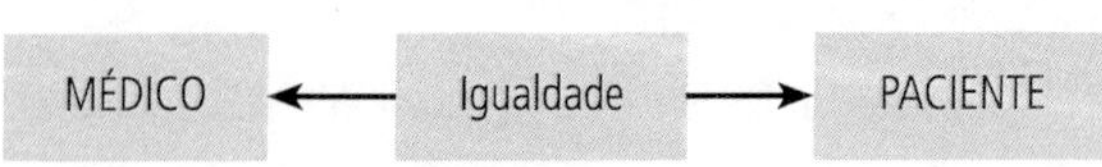

Figura 3 – Modelo de relação médico-paciente

---

51 GRIMBERG, Francis. *Positivisme et espritscientifiqueenmédecine. La pensée*, Paris, n. 300, jan./fev. /mar 1997, p. 112-113.

O paciente assume a condição de sujeito de seu tratamento e não mais de apenas objeto. Por outro lado, o médico não deve portar-se como mero observador/interventor. Deve assumir, também, a função de interlocutor, dialogando com o enfermo.

Segue a análise da "mecânica de funcionamento" da autonomia do paciente, utilizando-se, para tal, de dois modelos, os quais serão chamados de estático e dinâmico.

O MODELO ESTÁTICO DE AUTONOMIA DO PACIENTE

O estudo da autonomia da vontade sofreu influências de autores os mais diversos: de Lutero a Stuart Mill, de Freud a Habermas. Não se pretende, aqui, estudar toda a história do processo de evolução e consolidação do conceito de autonomia do ser humano.[52] Tampouco se procurará a fundamentação da autonomia da vontade, localizando-a entre as necessidades humanas fundamentais.[53]Ambas empreitadas, ainda que fascinantes, superam os objetivos deste trabalho. Pretende-se analisar, primeiramente, o modelo de autonomia da vontade qual será chamado de estático. Sua configuração baseia-se, precipuamente, nas lições de Kant. Não é em vão que se escolheu esse autor, pois a sua influência no direito moderno, principalmente no jus racionalismo (dentre muitas outras áreas do saber) não tem precedentes, sobretudo na Escola Pandectística e nas codifica-

52 Para tanto: Cf. SCHNEEWIND, J. B. *The inventionofautonomy: a historyofmodern moral philosophy*. New York: Cambridge University Press, 1998, passim.

53 Neste sentido: Cf. GUSTIN, Miracy Barbosa de Sousa. Das necessidades humanas aos direitos: ensaio de sociologia e filosofia do direito. Belo Horizonte: Del Rey, 1999, passim.

ções, conforme anota Wieacker.[54]

Kant foi um pensador primaz da autonomia do ser humano, ao defendê-la como modelo moral para os indivíduos. Sob influência do pensamento de Rousseau e assumindo uma postura revolucionária, Kant acolhe a ideia de valorizar a atitude moral (autonomia) de pessoas ditas comuns. Sob a égide da igualdade, apregoa que o mesmo valor deve ser dado à moral do filósofo e à moral do homo medius: "Rousseau converteu, permanentemente, Kant em um defensor das capacidades morais de pessoas ordinárias".[55]

No entanto, o pensador alemão vai além do pensamento de Rousseau. Enquanto esse só vislumbrava a autonomia do indivíduo, como membro de uma sociedade, Kant argumenta, segundo diretrizes da filosofia moral, que a autonomia do ser humano advém de sua liberdade transcendente. A racionalidade retira os homens do domínio da mera causalidade, seja na natureza, seja no convívio social.

Em seu magnífico texto "Resposta à pergunta: Queo iluminismo?", Kant opõe-se à ideia de dependência de um determinado ser racional à acolhida de comandos e desejos dos outros, vendo isso como contraditório à nossa essência de livres agentes: "*Sapereaude*! Tem a coragem de te servires do teu próprio entendimento!"[56]

---

54 Cf. WIEACKER, Franz. História do direito privado moderno. [Privatrechtsgeschichte der NeuzeitunterBesondererBerücksichtigung

55 SCHNEEWIND. Op. cit., p. 490.

56 KANT, Immanuel. Resposta à pergunta: Que é o iluminismo? Trad. Alexandre Morão. In: MORÃO, Alexandre (Org.). *A paz perpétua e outros opúsculos*. Lisboa: Edições 70, 1995, p. 11.

Mais além, em outros escritos, rebela-se contra todo tipo de paternalismo:

> "A liberdade como homem cujo princípio [é basilar]para a constituição de uma comunidade, eu exprimo na fórmula: Ninguém me pode constranger a ser feliz às ua maneira [...], mas a cada um é permitido buscar a sua felicidade pela via que lhe parecer boa [...]".[57] [Grifou-se].

No entanto, sob o olhar kantiano, o fulcro da autonomia é a crítica. Essa deve ser exercida em todas as situações da vida. Kant indica ser esse o processo de saída da imaturidade, ou seja, a repulsa pela aceitação passiva de autoridades em áreas que clamam pelo uso da razão:

> "É tão cômodo ser menor. Se eu tiver um livro que tem entendimento por mim, um diretor espiritual [...], um médico que por mim decida a dieta, etc., então não preciso de eu próprio me esforçar".[58]

Mas a obrigação do homem é deixar a imaturidade, pois indivíduo e comunidade arcam com o ônus e gozam dos benefícios da maioridade moral. Deve-se refletir sobre os próprios atos e o tempo presente, de maneira constante.

Foucault, em comentários às lições de Kant, afirma ser muito saudável essa constante inquirição, evidenciando três conse-

---

57 KANT, Immanuel. Sobre a expressão corrente: isto pode ser correto na teoria, mas nada vale na prática. Trad. Alexandre Morão. In: MORÃO, Alexandre. A paz perpétua e outros opúsculos. Lisboa: Edições 70, 1995, p. 75.

58 KANT. Resposta..., cit., p. 12.

quências: mostra que se deve romper com o passado de menoridade e negligência com a razão; mostra que o presente deve ser interrogado como tentativa de previsão do que está por vir; e, por fim, mostra que o presente deve ser visto como a aurora de um novo tempo.[59]

A crítica assume outro papel positivo: a tentativa de um apontamento mais sólido do que deve ser um ethos filosófico. Trata-se, então, de uma crítica do que dizemos, pensamos e fazemos acerca da "ontologia histórica de nós mesmos". Esse ethos deve-se caracterizar como uma reflexão sobre os limites. Recai, assim, naquilo que é dado como universal, necessário e obrigatório. Devem-se realizar buscas históricas dos constitutivos de nós mesmos, reconhecendo-nos como sujeitos daquilo que fazemos, pensamos e dizemos.

O modelo de autonomia da vontade apregoado por Kant apresenta, no entanto, várias deficiências. Críticas de diversas correntes filosóficas foram realizadas. A crítica sociológica (precipuamente da fenomenologia), por exemplo, aponta para estreita imbricação existente entre indivíduo e sociedade. Por esse motivo, a escolha de regras morais próprias, atendendo-se somente aos ensejos da condição de indivíduo, estaria obliterada. Estando o ser humano inexoravelmente preso a um contexto social e à história, a auto-regulamentação moral feita por ele, fundada em uma escolha plenamente livre, é factualmente impossível: em bases empíricas, essa visão (da autonomia) nega nossa história.[60]

---

59 Cf. FOUCAULT, Michel. *Whatisenlightenment*. Trad. Catherine Porter. In: RABINOW, Paul (Ed.). The *Foucauttreader*. New York: Panthccon Books, 1984, p. 32-50.

60 Cf. DWORKIN, Gerald. *The theoryandpracticeofautonomy*. New York:-Cambridge University Press, 1988, p. 36.

Ou ainda, nos dizeres de Villela:

> "O homem que no jusnaturalismo racionalista detinha a potestade de prerrogativas inalienáveis era abstrato e impalpável. Pode-se dizer que existia na razão de seus criadores, mas não era achado jamais andando pelas ruas, bebendo nas tavernas ou padecendo fome, miséria e doenças".[61]

Outra crítica é de enorme valor: a correlação entre o modelo de autonomia kantiano e a autossuficiência.

A apreciação da autonomia, neste caso, confunde-se com a avaliação das características do sujeito, aprisionada que estaria às potencialidades de autossuficiência cognitiva de cada um. O conceito de racionalidade kantiana postula um indivíduo que atue de maneira solitária, em monólogo, não interagindo com outros atores sociais na busca do saber:

> "O ônus da escolha é sempre do indivíduo, per si, visto que as escolhas alheias representam um guia débil para a solução dos dilemas próprios [...]. O indivíduo deve, e tão somente pode confiar em sua própria experiência".[62]

Na relação com o médico (e todo o corpo clínico), paciente, utilizando-se tão-somente de sua única grande arma, a própria razão, buscaria desvelar o objeto – a intervenção médico-cirúrgica em si mesmo.

Parece, no entanto, que a autossuficiência não resolve os problemas no ensejo do consentimento do paciente para intervenções

---

61 VILLELA, João Baptista. Por uma nova teoria dos contratos. *Revista de Direito e de Estudos Sociais*, Coimbra, n. 2-3-4, ano XX, abr./dez. 1975, p. 318.

62 CRITTENDEN, Jack. *Beyondindividualism: reconstitutingthe liberalself.* New York: Oxford University Press, 1992, p. 77.

médicas. Dada a complexidade da medicina contemporânea, o doente fica, por vezes, perplexo ante às situações a ele apresentadas. Incapaz de decidir por si mesmo, deve buscar insumos que lhe permitam escolher o que de melhor para si pode ser feito.

Deve haver, então, um incremento da noção de autonomia, dissociando-a da autossuficiência:

> "Atomismo, e não autonomia, requer a afirmação do objetivo (ou ideal) da autossuficiência. Autonomia não necessariamente implica isolamento".[63]

Urge, então, outro modelo de autonomia do ser humano, o qual deve retirá-lo do isolamento. Suas decisões não podem ser tomadas com base só na auto referência, em um conhecimento estático.

Essa empresa não significa o abandono da crítica, grande proposta kantiana. Conforme Foucault, essa postura ante ao mundo deve ser tomada como lição intertemporal de Kant.[64] O questionamento constante do presente deve ser tomado como ethos filosófico.[65]

O novo modelo de autonomia deve buscar formas de adensar a capacidade crítica do indivíduo, através da informação obtida por meios comunicativos. Apresente-se, pois, o modelo dinâmico de autonomia da vontade, em que cotidianamente, em cada ato comunicativo, a autonomia é construída e reconstruída.

---

63 CRITTENDEN. Op. cit., p. 78.

64 Cf. FOUCAULT. Whatis..., cit., p. 49-50.

65 Cf. BERNSTEIN, Richard J. Foucault: critique as a *philosophicalethos*. In: KELLY, Michael (Ed.). *Critique andpower*: recastingthe Foucault/Habermas debate. Cambridge: The MIT Press, 1994, p. 211-241.

O MODELO DINÂMICO DE AUTONOMIA DA VONTADE

Dadas as imperfeições do modelo estático de autonomia, outro modelo deve ser proposto, mais adequado à dinâmica da sociedade contemporânea. A noção de comunidade (e de suas instituições) deve estar presente, sem que o indivíduo tenha sua identidade solapada pelo normativismo exógeno. Por outro lado, por não se considerar autossuficiente, o membro da comunidade deve, pelo relacionamento com outras pessoas, buscar insumos que reforcem, no meio social em que se encontra, sua afirmação. Caminha-se, com essas diretrizes, para a noção, proposta por Crittenden, de "individualidade compósita", na qual "os polos de diferenciação e adesão são ambos reconhecidos e ativos".[66]

No caso particular, concernente ao enfermo sob cuidados médicos, há sempre a possibilidade de autossuficiência ou, em outras palavras, de recusa de alguma forma de interação comunicativa com o corpo clínico (v. g., a recusa de informações, pelo enfermo, sobre determinado tratamento).[67]20 O essencial é, no entanto, que o paciente possa fazer a escolha entre haver ou não o diálogo com o médico.

3.1 Da avaliação da autonomia centrada no sujeito à avaliação da autonomia centrada no ato

O primeiro passo para a construção de um novo modelo de autonomia da vontade, o qual se pretende dinâmico, consiste em

---

66 CRITTENDEN. Op. cit., p. 82.

67 Cf. APPELBAUM, Paul S., LIDZ, Charles W. & MEISEL, Alan. *Informedconsent*: legal *theoryandclinicalpractice.* New York: Oxford University Press, 1987, p. 69-72.

desvincular as ideias de pessoas autônomas atos autônomos.

Foram feitas diversas tentativas de traçar-se o perfil da pessoa autônoma (ou de apontar-se as características necessárias para que um agente seja autônomo).

Uma das grandes características seria a razão do agente. No entanto, as críticas à ideia de um indivíduo racional, feitas por inúmeros filósofos (como Nietzsche, Heidegger e Foucault), são duras e procedentes. O modelo de indivíduo multisciente, que atua sobre o mundo, segundo um standard racional, deve ser abandonado.

O questionamento deve deslocar-se do agente autônomo para o agir autônomo. Desvincula-se da busca do sujeito e centra-se na análise do ato.[68]

Esse deslocamento de enfoque é muito útil para a avaliação do relacionamento entre médico e paciente. Não interessam, nesse primeiro momento, as características do agente, mas as de seus atos:

> "A capacidade para agir autonomamente é distinta de agir autonomamente, e a posse da capacidade não é garantia [suficiente] de que uma escolha autônoma foi ou será feita".[69]

Assim, pode-se caracterizar o ato autônomo, segundo o modelo de Beauchamp e Faden. Conforme esses autores, três são, ao

---

68 Tal deslocamento epistemológico coincide, de certa forma, com a proposta de Habermas, na qual ele abandona a ideia de razão centrada no sujeito em prol da razão centrada no ato: Cf. HABERMAS, Jürgen. *Odiscurso filosófico da modernidade* [DerphilosophischeDiskurs der Moderne]. Trad. Ana Maria Bernardo et al. Lisboa: Dom Quixote, 1990, p. 275 et seq.

69 BEAUCHAMP, Tom L. & FADEN, Ruth R. *A historyandtheoryofinformedconsent*. New York: Oxford University Press, 1988, p. 237.

menos, os requisitos necessários para que um indivíduo realize um ato autônomo:

- Compreensão;
- Intenção;
- Ausência de influências controladoras.[70]

Os esforços, agora, concentrar-se-ão em esclarecer cada um desses requisitos.

3.1.1 Compreensão

O requisito compreensão só bem recentemente tem sido incorporado, pela doutrina bioética, como um dos componentes do ato autônomo (e, como se verá, do consentimento informado). É fundamental que, no relacionamento entre médico e paciente, esse último compreenda o tipo de tratamento a que poderá ser submetido. Só assim poderá decidir sobre a conveniência ou não de submeter-se à terapêutica recomendada pelo médico. O consentimento, dessa forma, não será só formalmente obtido, mas poderá ser autonomamente fornecido.[71]

Mas o que significa, afinal, compreender o procedimento médico? Segundo a etimologia da palavra, compreender é abarcar a totalidade dos elementos e propriedades que são essencial-

---

70 Cf. BEAUCHAMP & FADEN. Op. cit., p. 238.

71 Cf. SWITANKOWSKY, Irene & DI CARLO, Chris. *A decision procedurefor achievinganinformedconsent. Human Health Care,* Toronto,v. 13, n. 3, Fall 1997, p. 72.

mente atribuídos ao objeto.[72]

No caso específico da relação entre médico e paciente, este só tem acesso à compreensão da doença e do possível tratamento pela via das informações obtidas, através do diálogo, com os membros do corpo clínico. É essencial, portanto, que haja possibilidade de diálogo entre médico e paciente, para que a autonomia do enfermo seja resguardada. Essa, talvez, seja a conjuntura sobreeminente para que o modelo estático de autonomia seja abandonado.

No entanto, é crucial o modo pelo qual o médico percebe a doença no paciente. Já foi visto que, na lógica positivista, o médico observaria ("o olhar clínico"), compreenderia e dominaria a doença. De certa forma, o exercício positivista da medicina ainda está preso ao sonho de captação da verdade, que se traduziria pela fórmula *adaequatio rei intellectus*.[73]

Mas não é isso que ocorre. O processo de hermenêutica da doença está inexoravelmente preso ao modelo médico-ideativo adotado. Ao exercitar a medicina, o médico (como qualquer cientista) coloca-se como "fiador" de uma determinada tradição. Não "compreende" a doença, no sentido de captar todos os seus sinais, mas "a interpreta", valendo-se dos signos que supõe serem determinantes para o tratamento: "[C]ompreender e interpretar são uma e a mesma coisa".[74] Os recentes desenvolvimentos técnicos e

---

72 Cf. CUNHA, Antônio Geraldo da. *Dicionário etimológico Nova Fronteira*.2. ed. São Paulo: Nova Fronteira, 1997, *compreender*.

73 Essa definição parece ter origem na filosofia escolástica: Cf. BRIN, P.& FARGES, A. *Philosophiascholastica*. 67. ed. [s.l.]: Berchet et Pagis,1937, p. 5.

74 GADAMER, Hans-Georg. *Verdade e método*: traços fundamentais de uma hermenêutica filosófica [WahrheitundMethode]. Trad. Flávio Paulo Meurer. 2. ed. Petrópolis: Vozes, 1998, p. 566.

tecnológicos da ciência médica, sem dúvida alguma, tornam mais acurado o "olhar clínico", mas, nem por isso, fazem-no imparcial.

Assim, o médico interpreta a doença segundo sua tradição e deve repassar suas percepções, bem como os possíveis tratamentos, ao paciente. A grande arma para que corpo clínico e paciente se entendam é a linguagem, pois "todo compreender é interpretar, e todo interpretar desenvolve-se no *medium* de uma linguagem".[75]

De maneira esquemática, poderia assim ser representado esse processo:

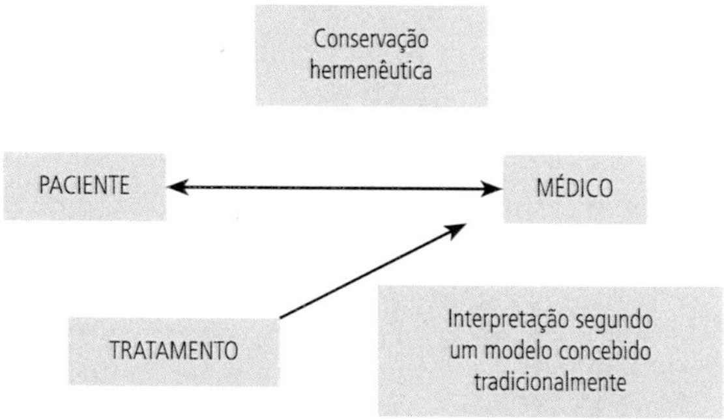

Figura 4 – Interpretação da doença e do tratamento

O processo de compreensão (ou interpretação) da doença pelo paciente ocorre quando este e o médico chegam a um consenso linguístico:

> "Compreender o que alguém diz é [...] pôr-se de acordo sobre a coisa. Todo este processo é um processo linguístico".[76]

75 GADAMER. *Verdade...*, cit., p. 566-567.

76 GADAMER. Verdade..., cit., p. 559.

No desenrolar desse jogo linguístico, permeado pela crítica dos atores, as pré-compreensões e pré-conceitos devem ser questionados pelas partes. Devem ficar mais claras as concepções de mundo, à medida em que o diálogo se desenvolve. As intenções subjacentes devem ser trazidas à luz das discussões e, o mais possível, elucidadas:

> "Interpretar significa justamente colocar em jogo os próprios conceitos prévios, com a finalidade de que a intenção do texto seja realmente trazida à fala para nós".[77]

Esse processo linguístico é, por vezes, excruciante, pois a carga de tradição que se imiscui na linguagem por vezes é um forte empecilho para o consenso. A situação agrava-se, evidentemente, quando os interlocutores têm tradições muito diversas e, por consequência, sentidos discrepantes para os signos linguísticos utilizados.[78]

Cada signo, carregado de tradição, não esgota os sentidos subjacentes – em relação íntima com a história do interlocutor – abrindo caminho para novos questionamentos e novas reinterpretações, os quais devem ocorrer no âmbito do diálogo, pois "[o] dizer o que temos em mente mantém o que foi dito [...] uma unidade de sentido com uma infinitude do não dito".[79]

O processo de compreensão (ou interpretação) esgota-se quando os interlocutores (médico e paciente) chegam a um con-

---

77 GADAMER. *Verdade...*, cit., p. 578.

78 Cf. HABERMAS, Jürgen. *Betweenfactsandnorms*: contributions to a discourse theoryoflawand democracy [FaktizitätundGeltung.Beiträgezur-DiskurstheoriedesRechtsunddesdemokratischenRechtsstaats]. Trans.William Rehg. Cambridge: The MIT Press, 1996, p. 26.

79 GADAMER. *Verdade...*, cit., p. 680.

senso. Esse acordo de vontades não reflete a "coisa em si", mas o objeto construído, intersubjetivamente, pelo *medium* da linguagem, pois, por ela, "o conceito do 'ser em si' obtém o caráter de uma determinação volitiva".[80]

3.1.2 Intenção

O segundo requisito do ato autônomo é a intenção do agente. Havendo a compreensão da conjuntura, os atores podem delinear suas metas, segundo seus interesses volitivos.

Mas o que significa, afinal, agir intencionalmente? Segundo Beauchamp e Faden, "uma ação é intencional quando deliberada segundo um plano".[81]

O processo deliberativo, segundo uma intenção, pode atender a várias causas. Pode representar tão-somente um capricho – é o que ocorre, por exemplo, quando alguém decide submeter-se a uma cirurgia plástica, não reparatória, expungida de necessidades práticas imediatas. Por outro lado, pode atender a imperativos vitais, como uma operação cardíaca.

Não interessa, aqui, averiguar a causalidade profunda da intenção; o essencial é que o ato seja realizado em consonância com um plano engendrado pelo agente.

No processo desencadeado pelo ato intencional, o indivíduo deve ter ciência de que vários fatores supervenientes e imprevistos podem ocorrer: de certa maneira, é correto afirmar que todo ato autônomo envolve um certo risco. Segundo Beauchamp e Faden:

---

80 GADAMER. Verdade..., cit., p. 653.

81 BEAUCHAMP & FADEN. Op. cit., p. 243.

> "Consequências indesejadas ou riscos de danos, os quais estão presentes em procedimentos particulares, geralmente enquadram-se nessa categoria [da intenção]".[82]

Um exemplo pode melhor esclarecer o exposto. Suponha-se que um determinado indivíduo faça ingestão de um dado alimento. Caso ocorra um processo alérgico, pode ser atribuído ao risco do ato autônomo, cujo ônus recai sobre o agente.

O risco pode ser tolerável ou não, mais ou menos previsível, até mesmo benéfico.[83] Em regra, no entanto, o ônus deve ser suportado pelo indivíduo que agiu autonomamente.

Nas sociedades contemporâneas, cujos desenvolvimentos técnico e tecnológico se fazem cada vez mais presentes, há uma tendência de se atribuir o risco envolvido, em certos atos, a agentes específicos. A noção de perigo e fatalidade do destino perde espaço para a atribuição de responsabilidade pelo risco:

> "No caso do perigo se diz simplesmente que 'algo deu errado', enquanto que no caso do risco o dano não fortuito, senão que vem adstrito a uma decisão e, como consequência, alguém vem a ser responsável".[84]

Quando o médico realiza determinada terapia em um paciente, cria a falsa ilusão de que todos os benefícios e males do tratamento lhe são imputáveis. Nunca é demais lembrar que o sucesso (ou o fracasso) de uma terapia não resulta somente da ação médica, mas também de conjunturas alheias à sua vontade:

---

82 BEAUCHAMP & FADEN. Op. cit., p. 247.

83 Cf. VILLELA, João Baptista. Para além do lucro e do dano: efeitos sociais benéficos do risco. *Repertório IOB de Jurisprudência*, São Paulo,n. 22/91, 2ª quinz. nov. 1991, cad. 3, p. 490-489.

84 PELAYO GONZÁLEZ-TORRE, Angel. *La intervención jurídica delaactividad médica*: el consentimiento informado. Madrid: Dykinson,1997, p. 109.

> "[F]ica aberta a pergunta de saber em que medida o êxito [ou o fracasso] da cura se deve[m] ao tratamento [correto ou não] do médico e em que medida colaborou nele a própria natureza".[85]

No entanto, quando o médico age sem atender à autonomia do paciente, arcará sozinho com todo o ônus de sua intervenção. Por outro lado, se a autonomia do paciente respeitada, há uma repartição do ônus do risco entre médico e seu paciente.

Assim, pode-se afirmar que, na atenção aos imperativos da autonomia do paciente, o médico tem um grande instrumento defensivo contra o ônus do risco:

> "[A] perspectiva do risco multiplica a capacidade de decisão, cria um campo em que se repartem faculdades de maneira aproximadamente equitativa às partes, permitindo fazê-las responsáveis".[86]

Dessa maneira, paciente e corpo clínico são corresponsáveis pelo risco da intervenção médica, arcando com os ônus daí derivados.

3.1.3 Ausência de influências controladoras

Esse requisito impõe às partes o dever de não-dominação no processo comunicativo. O médico deve ter o cuidado necessário para que seu status e sua argumentação não sejam maliciosamente engendrados para convencer o paciente a se submeter (e como se submeter) ao tratamento.

---

85 GADAMER, Hans-Georg. *O mistério da saúde*: o cuidado da saúde e a arte da medicina [*Öber die Verbogenheit der Gesundheit – AufsätzeundVorträge*]. Trad. António Hall. Lisboa: Edições 70, 1997, p. 40.

86 PELAYO GONZÁLEZ-TORRE. Op. cit., p. 111.

A ausência total de influências controladoras parece não existir na prática, em especial na relação médico-paciente. O médico é detentor de uma forma de saber, a qual está intimamente conectada com manifestações de poder e controle.[87]

Há, portanto, uma certa "continuidade" das influências controladoras. Não há que se falar em atos isentos de controle em uma lógica binária de "sim" ou "não". No processo comunicativo entre as partes, principalmente nas relações entre corpo clínico e paciente, pode haver, sempre, o uso de estratégias, "tecnologias de poder" entre o médico e o enfermo então sob seus cuidados.[88]

Nesse processo, é essencial que o paciente tenha uma postura crítica ante as informações recebidas, questionando-as segundo seus desígnios. Deve haver, assim, um certo "poder de resistência" do paciente ante as manifestações de saber-poder do médico, pois "[t]odo emprego particular de poder implica em certas possibilidades de 'luta' e resistência".[89] Essa atitude é a fundamental para a busca da autoafirmação e esclarecimento (Aufklärung) do paciente.

---

87 A relação entre saber e poder é exaustivamente estudada por Foucault, em várias oportunidades, em especial o saber-poder médico: Cf. MACHADO, Roberto. Introdução. Por uma genealogia do poder. In: FOUCAULT, Michel. *Microfísica do poder*. Rio de Janeiro: Graal, 1995, p. XXI.

88 Cf. BEAUCHAMP & FADEN. Op. cit., p. 337-373.

89 SCHIMIDT, James & WARTEMBERG, Thomas E. Foucault'senlightenment: critique, revolutionandfashioningofthe self. In: KELLY, Michael (Ed.). *Critique andpouver*: recastingthe Foucault/Habermas debate. Cambridge: The MITPress, 1999, p. 289.

3.2 O modelo geral de ato autônomo

Vistos os elementos indispensáveis para perfazer o ato autônomo, pode-se recorrer ao seguinte gráfico para ilustrar o processo:

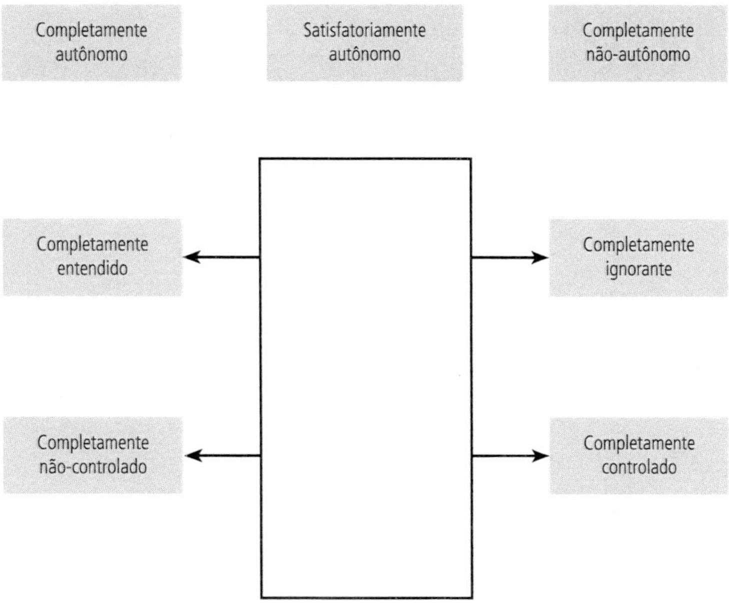

Figura 5 – Níveis de autonomia de atos intencionais[90]

Pode-se concluir que um ato autônomo perficiente, em termos fenomenológicos, não existe. No entanto, pode haver um ato cujo grau de autonomia seja satisfatório, ou um ato "substancialmente autônomo".[91]

---

90 BEAUCHAMP & FADEN. Op. cit., p. 239.

91 Cf. BEAUCHAMP & FADEN. Op. cit., p. 239; Cf. SWITANKOWSKY, Irene S. A new paradigm for informedconsent. Maryland: University Press ofAmerica, 1998, p. 21.

NOS UMBRAIS DA AUTONOMIA: A CAPACIDADE DA PESSOA NATURAL

Avaliadas as características do ato autônomo, resta caracterizar o agente autônomo, pelo instituto da capacidade jurídica, neste contexto, revinculando sujeito e ato.

O instituto da capacidade apresenta-se em via de mão dupla. Por um lado, é a indumentária legal dada às pessoas naturais, permitindo-lhes deliberar sobre a própria vida. Envolve desde os atos mais cotidianos (v., g., a compra de alimentos) até atos de importância vital (v. g., a recusa de tratamento médico). Por outro lado, no entanto, sujeita o agente a todos os riscos do comércio jurídico.

Passe-se, então, à análise da capacidade da pessoa natural no presente contexto.

4.1 Capacidade genérica (negocial) vs. capacidade específica (de entendimento)

O conceito de capacidade da pessoa natural está intimamente ligado à noção de autonomia da vontade. De fato, o instituto da capacidade é o "umbral" da autonomia. Na verdade, graças a conquista histórica de enorme importância para a humanidade, a capacidade de direito é atribuída a todos, conforme o art. 2º do Código Civil Brasileiro (no Código Civil Brasileiro de 2002, art. 1º). No entanto, a própria lei distingue essa capacidade (de direito) da capacidade de fato, que permite à pessoa exercer, pessoalmente, os atos da vida civil. A capacidade de fato representa um critério de segurança legal, dotado de maior objetividade: aponta as hipóteses em que se pode solicitar o consentimento de uma pessoa aquelas em que não há efeitos jurídicos em obtê-lo, devendo-se recorrer a um representante.

Os Arts. 5º, I, e 6º, I, do Código Civil Brasileiro (no Código Civil Brasileiro de 2002, art. 3º, e 4º, I), por exemplo, utilizam o critério da idade (cujos limites são fixados exclusivamente por política legislativa) como presunção de desenvolvimento da autonomia. De fato, é de esperar-se que pessoas com mais idade tenham mais habilidades e maior potencial cognitivo para realizar atos autônomos.

No entanto, seria esse critério o mais adequado para garantir a capacidade de fato da pessoa natural, no concernente ao envolvimento em todas as situações, que o comércio jurídico hoje oferece – em especial no atinente ao consentimento para intervenções médico-cirúrgicas?

A esse respeito, tem crescido a doutrina que apregoa a necessidade de se criar capacidades "específicas":

> "A maioria dos doutrinadores tem rejeitado a noção genérica de capacidade, arguindo, ao contrário, que a definição de capacidade (i.e., o requisito habilidades) deve variar de acordo com o contexto. A competência, contextualmente dependente, deve ser determinada para tarefas específicas".[92]

Esquematicamente poder-se-ia expor o seguinte:

> Capacidade genérica: "P" é capaz para qualquer tarefa, se uma idade é alcançada (v. g., 21 anos).

Capacidade específica: "P" é capaz para essa tarefa, se a habilidade para essa tarefa é alcançada.

---

92 WHITE, Becky Cox. Competencetoconsent. Washington: Georgetown University Press, 1994, p. 45. Preferiu-se traduzir o original "competence" por "capacidade", pois melhor é a adequação. Já o vocábulo "capacity" reflete mais a noção de "habilidade".

Pode-se, a partir dessas ideias, fazer a distinção entre capacidade negocial e capacidade de entendimento.[93]

A capacidade negocial (*rechtsgeschäftlicheHandlungs-fähigkeit*) é aquela cujos critérios são fixados em lei, como a dos art. 5º, I, e (no atual Código Civil Brasileiro, art. 3º e 4º, I) 6º, I, do Código Civil Brasileiro. Não há que se perquirir o grau de cognição, ou entendimento, da pessoa natural, que não se enquadre nas idades fixadas normativamente. Os critérios são objetivos e inflexíveis.

Por oposição, tem-se a capacidade de entendimento (*Einsichtsfähigkeit*), que denota o domínio cognitivo e habilidade decisional, ou "poder de avaliar, julgar". Essa capacidade leva em conta, portanto, o ethos crítico da pessoa natural, tendo em vista sua maturidade e educação. Não apresenta critérios objetivos, mas deve ser avaliada de forma situacional. Em outras palavras, busca-se analisar se o indivíduo tem capacidade para uma atividade determinada. A capacidade de entendimento tem, portanto, uma imbricação muito mais íntima com a autonomia da vontade.

Vários exemplos do direito alienígena podem tornar explícita a aplicação da capacidade de entendimento para crianças e adolescentes, em especial no que concerne a recusa ou aceitação de tratamento médico.

O leading case Gillick vs. West NortfolkandWisbechArea Health Authority, de 1985, do Reino Unido, demonstra a aplicação da teoria, denominando a pessoa natural, nas condições apropriadas, de "menor maduro" (mature minor):

---

93 Tanto quanto se pôde apurar, essa doutrina foi divulgada, entre nós, pelo Prof. Dr. João Baptista Villela.

> "LordDonaldson cunhou a expressão Gillick-competent para descrever o menor de 16 anos cujo consentimento para terapia médica seria legalmente válido".[94]

A mesma axiologia foi adotada pelo Conselho da Europa na Convenção de Direitos Humanos e Biomedicina, de Oviedo, Espanha, em 4 de abril de 1997. Seu art. 6º, 2, *in fine*, dispõe que "[a] opinião do menor deve ser tomada em consideração, como um fator determinante, na proporção de sua idade e grau de maturidade".

Essa tendência já fora anunciada por Villela, ao afirmar a "irrupção de um novo interlocutor na família: o menor".[95]

No Brasil, há suporte dogmático para que a manifestação de vontade do menor tenha relevância jurídica. De fato, a Lei n. 8.069/1990 (Estatuto da Criança e do Adolescente) garante o direito de opinião e expressão aos menores (art. 15 e 16, II). Assim, ao que parece, o pátrio poder (na atual nomenclatura poder familiar) deve compor-se com a vontade do menor, no ensejo do assentimento para intervenções médico-cirúrgicas.

Dois critérios, entretanto, devem ser observados quando se depara com a atribuição de poderes de decisão a menores. Primeiramente, evitar que o ordenamento jurídico torne-se demasiado complexo e inoperável. Outro critério é a avaliação do risco na prática do ato. Não se pode delegar o benefício da decisão a um agente, sem que se pense nas vicissitudes a que essa decisão está sujeita.

---

94 MASON, J. K. *Consenttotreatmentandresearch* in the ICU. In:PACE, Nicholas A. &McLEAN, Sheila A. M. (Eds.). *Ethicsandthelaw in intensivecare*. New York: Oxford University Press, 1996, p. 32.

95 VILLELA, João Baptista. *Liberdade e família*. Belo Horizonte: Faculdade de Direito da UFMG, 1980, p. 29.

Assim, resumidamente, havendo risco aceitável (sem se descuidar da operacionalidade do ordenamento jurídico), não há por que deixar de se criar capacidades de fato específicas, principalmente para deliberações tão pessoais quanto as que se toma na área do tratamento médico.

A BUSCA DE UMA NOVA PRÁXIS PARA A RELAÇÃO MÉDICO-PACIENTE

Para que a relação entre médico e paciente seja ética e juridicamente legítima, deve ter como fundamento básico a autonomia dos participantes. A fim de que tal ocorra, a doutrina bioética desenvolveu, ao longo do século XX (precipuamente na sua segunda metade), a teoria do consentimento informado.

Pode-se afirmar, em uma primeira aproximação, que o consentimento informado é um ato autônomo de um agente capaz. Na relação com o corpo clínico, esse consentimento visa a tornar explícita a vontade do paciente, na qual recusa ou aceita o tratamento – e sua forma – com base nas informações recebidas e seu ethos crítico.

Para tanto, além da capacidade de fato – nos moldes já explanados – devem estar presentes, pelo menos, os requisitos básicos do ato autônomo: entendimento, intenção e o mínimo possível de influências controladoras.

As informações fornecidas pelo médico são as grandes adutoras do ato autônomo, devendo apresentar conteúdo e "qualidade" específicos.

Como e por que a doutrina e a dogmática do consentimento informado foram criadas e desenvolvidas será, agora, objeto de indagação.

3

O consentimento informado[96]

> – Será meu dever impor aos outros uma verdade que não deseja conhecer?
>
> – Quem poderá determinar o que alguém não deseja conhecer? – replicou Nietzsche.[97]
>
> Irvin Yalom

INTRODUÇÃO

A medicina perdeu definitivamente sua inocência nos campos de extermínio da Segunda Guerra Mundial. Sem dúvida, as

---

96 Texto da nota: "Cf. Resolução 1/2016 do Conselho Federal de Medicina. CONSELHO FEDERAL DE MEDICINA. Recomendação nº 1/2016 de 21 de janeiro de 2016. *Dispõe sobre o processo de obtenção de consentimento livre e esclarecido na assistência médica.* Disponível em: < https://portal.cfm.org.br/images/Recomendacoes/1_2016.pdf>. Acesso em 26/06/2019. E arts. 22 e 101 Código de Ética Médica. CONSELHO FEDERAL DE MEDICINA. Resolução nº 1931 de 17 de setembro de 2009. *Código de Ética Médica.* Disponível em: <https://portal.cfm.org.br/images/stories/biblioteca/codigo%20de%20etica%20medica.pdf>. Acesso em 26/06/2019."

97 YALOM, Irvin D. *Quando Nietzsche chorou*: romance da obsessão [When-Nietzsche wept]. Trad. IvoKorytowski. Rio de Janeiro: Ediouro, 1995,p. 87.

experiências biomédicas do Nacional-Socialismo Alemão podem representar o grande marco do processo de descoberta da "face oculta" da medicina.[98]

Assim, o "preço" do desenvolvimento médico-científico, pode-se afirmar, ficou mais explícito na década de 1940: "A era da ciência politizada atingiu o auge na Segunda Guerra Mundial [...] em que cientistas se mobilizaram sistemática e fundamentalmente para fins militares".[99]3

Mesmo nos EUA, experiências médicas, expurgadas de qualquer sensibilidade ética, foram realizadas. Ficou tristemente famosa, no círculo biomédico, a experiência de Tuksgee, acerca de sífilis não curada:

> "Nesse estudo, que foi financiado pelo Serviço de Saúde dos Estados Unidos, de 1932 a 1972, 412 afro-americanos pobres não foram tratados de sífilis,
>
> sendo observados e comparados com 204 homens livres dessa doença, para determinar a história natural da sífilis [...]. A pesquisa continuou mesmo depois de a penicilina ser amplamente disponível e sabidamente eficaz contra essa doença".[100]

Da década de 1940 até os dias de hoje, intensificou-se o clamor pelo controle ético do desenvolvimento científico, em parti-

98 Destaquem-se as atividades do Dr. Karl Clauberg, do Dr. Karl Gebhart e, obviamente do Dr. Joseph Mengele, todas relacionadas com processos eugênicos a serviço do Nacional-Socialismo.

99 HOBSBAWM, Eric. A era dos extremos [*Ageof extremes*]. Trad. Marcos Santarrita. 2. ed. São Paulo: Companhia das Letras, 1996, p. 525.

100 ANGELL, Marcia. *The ethicsofclinicalresearch in third world. New England-Journalof Medicine*, Boston, v. 337, n. 12, Sept. 1997, p. 847.

cular biomédico. Além das pesquisas médicas – e o uso das câmaras de gás – pela medicina nazista, vários fatores contribuíram para a retomada da ética nas ciências biomédicas. Entre eles, pode-se destacar, primeiramente, os estudos – alguns já apontados neste trabalho – que demonstravam a atuação da medicina como forma de poder exercido sobre os indivíduos. Foucault chamou esse tipo de saber médico, estreitamente imbricado com a dominação, de biopoder.[101]

De fato, sobre a medicina "moderna" (do período positivista e posterior), além da suposta ação curativa, é correto afirmar que ela é "instrumento de controle social".[102] Atuando sobre os indivíduos, sob a égide da autolegitimação pelo tratamento, expurgo de doenças e desenvolvimento sanitário, pode desconstruir a individualidade do ser humano, tornando-o objeto manipulável (a já ressaltada objetificação do paciente).

Outro fator, *in casu*, foi o crescente pluralismo das sociedades contemporâneas.[103] O caráter supostamente universal da ciência – inclusive da medicina – entra em choque com a imensa diversidade das culturas hodiernas. As bases racionais cartesianas e kantianas do saber científico elevaram a ciência a um status aparentemente supracultural, com pretensões de validade e eficácia desligados – ao menos em tese – do contexto socioeconômico dos pacientes. Ocorre, então, o choque de, por um lado, a alteridade cultural e os ritos cotidianos circundantes ao corpo e à saú-

---

101 Cf. FOUCAULT, Michael. Microfísica do poder. Rio de Janeiro: Graal, 1995, p. 145-152.

102 Cf. FOUCAULT. Microfísica..., cit., p. 79-98.

103 PELAYO GONZÁLEZ-TORRE. Op. cit., p. 43.

de (v. g., os rituais funerários) e, por outro, o intervencionismo médico-sanitário e cirúrgico.[104]

Urgia, portanto, a retomada da individualidade de todos aqueles que estariam na situação de receber o ministério de tratamento biomédico.

O CONSENTIMENTO INFORMADO

O Código de Nuremberg pode ser colocado como grande marco da resposta ético-jurídica às intervenções médicas não autorizadas. Esse Código foi promulgado em 1948, como parte do julgamento Estados Unidos vs. Karl Brand, um dos médicos nazistas. Dentre outras acusações, o médico respondeu pelas intervenções "médicas" nas quais obrigava seus "pacientes" a ingerirem venenos, a tomarem doses de gasolina intravenosa, a serem imersos em água gelada etc.

É certo que, mesmo anteriormente ao Código, houve esboços de busca do consentimento dos pacientes antes de intervenções médicas. De modo um tanto irônico, a mais antiga decisão parece ser do Tribunal do Reich Alemão, datada de 1912.[105] De maneira geral, a diretriz básica desse Tribunal, nessa e em outras decisões semelhantes, era:

---

104 Note-se a mudança nos rituais funerário, os quais saíram do espaço privado do recôndito familiar e passaram para a frieza e impessoalidade dos hospitais e cemitérios: ARIÈS, Philippe. O homem diante da morte *[L'Hommedevantlamort]*. Trad. Luiza Ribeiro. 2. ed. Rio de Janeiro: Francisco Alves, 1990, v. II, passim.

105 Cf. VAN OOSTEN, Ferdinand. *The doctrineofinformedconsent in medical law*. Frankfurt a. M.: Lang, 1991, p. 198.

> "[N]a ausência de algum fundamento ou justificativa, a intervenção médica contra a vontade do paciente, ou sem seu consentimento, [era tachada de] atentado à integridade física (Köperverletzung)".[106]

Desenvolvimento doutrinário semelhante ocorreu nos EUA. O caso Schoelendorff vs. Society of New York Hospitals, de 1914, bem ilustra o estágio da doutrina americana à época. Nesse caso, o autor fora operado sem que tivesse oferecido o seu consentimento para a intervenção médica. O fundamento para a responsabilidade dos réus fora de "violação da integridade física [...], mesmo que [o tratamento] redundasse em benefício para o paciente".[107]

Mas a influência cosmopolita do Código de Nuremberg, seu impacto mundial, fez dele o marco da intervenção médica em pacientes humanos.

Assim, o art. 1º do Código dispõe:

> "O consentimento voluntário do ser humano é absolutamente essencial. Isso significa que as pessoas que serão submetidas ao experimento devem ser legalmente capazes de dar consentimento; essas pessoas devem exercer o livre direito de escolha sem qualquer intervenção de elementos de força, fraude, mentira, coação, astúcia ou outra forma de restrição posterior; devem ter conhecimento suficiente do assunto em estudo para tomarem uma decisão. Esse último aspecto exige que sejam explicados às pessoas a natureza, a duração e o propósito do experimento; os métodos segundo os quais será conduzido; as inconveniências e os riscos esperados; os efeitos sobre a saúde ou sobre a pessoa do

---

106 VAN OOSTEN. Op. cit., p. 194.

107 BEAUCHAMP & FADEN. Op. cit., p. 123.

> participante, que eventualmente possam ocorrer, devido à sua participação no experimento. O dever e a responsabilidade de garantir a qualidade do consentimento repousam sobre o pesquisador que inicia ou dirige um experimento ou se compromete nele. São deveres e responsabilidades pessoais que não podem ser delegados a outrem impunemente". [Grifou-se].

Sobre esse art. 1º do Código de Nuremberg, várias assertivas podem ser deduzidas. Primeiramente, há, sem sombra de dúvida, a responsabilidade do pesquisador por intervenções não autorizadas pelo paciente (responsabilidade ainda não claramente definida como penal ou civil). Por outro lado, o texto refere-se somente à pesquisa biomédica, e não a qualquer forma de tratamento.

O Código teve impacto mundial, servindo de diretriz ética para pesquisas biomédicas e inspirou vários Códigos de Ética Médica posteriores.[108]

2.1 Do consentimento informado formal ao consentimento informado material

Após o advento do Código, a doutrina, de maneira geral (respeitadas, obviamente, as peculiaridades dos diversos sistemas normativos de cada Estado), passou a preocupar-se não só com a existência do consentimento como requisito para a intervenção médica, mas também "com seu escopo, o modo, o momento e a forma de se informar, bem como a extensão desse dever".[109] Além disso, o consentimento passou a ser exigido para qualquer intervenção médica, e não só para atividades de pesquisa.

---

108 Cf. BEAUCHAMP & FADEN. Op. cit., p. 156.

109 VAN OOSTEN. Op. cit., p. 212.

Pode-se afirmar que a grande evolução da doutrina do consentimento informado deu-se nos âmbitos do conteúdo e da qualidade da informação fornecida pelos médicos. Caminhou-se no sentido de abandonar a ideia de se fornecer informações segundo um standard técnico-médico, buscando o consentimento meramente formal do paciente, para a busca do real exercício da autonomia do paciente, ao fornecer seu consentimento para intervenções médico-cirúrgicas.[110]

Assim, a aproximação entre autonomia e consentimento foi gradativamente sendo almejada e alcançada, buscando-se o consentimento informado material do paciente. A análise de algumas decisões judiciais concernentes ao tema bem ilustra o exposto.

2.1.1 O caso Salgo

O caso Salgo vs. Leland Stanfor Jr. University of Trustees data de 1957.[111] Aparentemente trata de uma hipótese típica de erro médico (Medical Malpractice).

Martin Salgo sofrera paralisia permanente após uma aortografiatranslombar. No entanto, sua alegação básica fora de que os médicos falharam em esclarecê-lo dos riscos deste tipo de intervenção médica.

O tribunal americano encarregado do caso afirmou que o dever de informar sobre riscos e alternativas de tratamento é uma extensão lógica do direito de autodeterminação (*self-determination*) do paciente.

110 Cf. BEAUCHAMP & FADEN. Op. cit., p. 132; Cf. SWITANKOWSKY.

111 Op. cit., p. 38.

A tipificação da responsabilidade dos réus fora de *battery*. Seu fundamento é o direito à integridade física do ser humano. No entanto, o teor das discussões pode levar a crer que gestava-se o embrião da responsabilidade civil por *negligence, in casu* embasada em falha na informação, cujo fundamento básico é a autodeterminação (autonomia) do paciente.[112]

Os sistemas jurídicos inglês e americano fazem a distinção entre battery e negligence.

A responsabilidade civil por battery ocorre quando há a ausência de consentimento do paciente para a intervenção médica. Seu fundamento é o direito à integridade física do ser humano. A responsabilidade por negligence ocorre quando a informação fornecida pelo médico é incompleta ou falha. Seu fundamento é o direito à autodeterminação do

2.1.2 O caso Natanson

O caso Natanson vs. Kline é datado de 1960.[113] Fora julgado pela Suprema Corte do Estado de Kansas. A Sra. Natanson ingressou em juízo contra seu médico, por falha deste em fornecer-lhe informações com vistas a uma terapia à base de radiação de cobalto, a qual fora-lhe administrada após uma mastectomia. Por conta de tal intervenção médica, a autora sofrera graves queimaduras devidas à radiação. Trata-se, portanto, de informações for-

---

112 Cf. BEAUCHAMP & FADEN. Op. cit., p. 125-129.

113 ser humano: Cf. BEAUCHAMP & FADEN. Op. cit., p. 26-30; Cf. VAN OOSTEN. Op. cit., p. 70-77; Cf. WOOD, Linda Picard. MerriamWebster'sdictionaryoflaw. Springfield: MerriamWebster's, 1996, battery, negligence.

necidas de maneira incompleta. A Corte afirmou que os médicos têm obrigação de:

> "informar e explicar os escopos e a natureza do tratamento, as probabilidades de sucesso, alternativas de tratamento e riscos deste [...]".[114][Grifou-se].

Mais além, esclarecendo a doutrina do consentimento informado, o fundamento da responsabilidade fora o direito à autodeterminação do paciente. O tipo de responsabilidade, no caso, fora tachado de *negligence.*

O resultado do caso Natanson fora a distinção, agora clara, entre dois tipos de responsabilidade no sistema normativo dos EUA: *battery* (quando há ausência de consentimento) e *negligence* (quando há consentimento, mas a informação fornecida é falha, deturpando-o).

1.3 O caso julgado pelo Superior Tribunal Federal de Justiça alemão (Bundesgerichtshof) em 1971

Nesse caso, uma jovem fora internada em uma instituição para tratamento mental, tendo em vista que padecia de dor e fraqueza em sua perna esquerda.[115] Havia suspeitas de inflamação na corda espinal, tuberculose íleo-sacral ou tumor no cérebro, sendo recomendada uma arteriografia cerebral.

---

114 Cf. BEAUCHAMP & FADEN. Op. cit., p. 129-132. ser humano: Cf. BEAUCHAMP & FADEN. Op. cit., p. 26-30; Cf. VAN OOSTEN. Op. cit., p. 70-77; Cf. WOOD, Linda Picard. MerriamWebster'sdictionaryoflaw. Springfield: MerriamWebster's, 1996, battery, negligence.

115 Cf. BEAUCHAMP & FADEN. Op. cit., p. 129-132. BEAUCHAMP & FADEN. Op. cit., p. 130.

A mãe, responsável legal pela jovem, assinou um documento, autorizando o procedimento. O conteúdo do documento constava, no entanto de termos técnicos médicos.

O procedimento realizou-se, mas houve complicações. Uma hemorragia ocorreu, seguida pela paralisia do lado esquerdo da paciente.

A mãe intentou ação de responsabilidade civil contra os médicos, alegando a ausência de consentimento efetivo para a intervenção.

A corte deu ganho de causa à autora, afirmando que a informação fornecida há de ser tal que o paciente (ou seu representante legal) entenda no que está consentindo.

Parece ficar claro o fundamento da responsabilidade na violação do direito à autodeterminação do paciente, posto que, se não entende as informações que lhe são fornecidas, sua autonomia da vontade está deturpada.

2.1.4 O caso Canterbury

O caso Canterbury vs. Spence foi julgado em 1972.20 Parece ser o primeiro, nos EUA, a apresentar, de forma explícita, os requisitos de entendimento e cognição, pelo paciente, das informações que lhe são fornecidas pelo médico.

Nesse caso, o paciente sofreu uma laminectomia por conta de fortes dores. Após a intervenção médica, sofreu séria paralisia. Não havia sido advertido de que há 1% de risco de tal efeito colateral nas intervenções dessa espécie. Outra cirurgia foi tentada para mitigar a paralisia, mas restou infrutífera.

A opinião da corte, *in casu*, foi a seguinte:

> "[O] verdadeiro consentimento [...] é uma escolha embasada em informações, a qual é vinculada à possibilidade de avaliar opções [sujeitas a] cognição de alternativas e riscos [de tratamento]. O paciente tem pouco ou nenhum entendimento da técnica médica e, em regra, conta somente com seu médico para esclarecê-lo, a fim de que possa tomar uma decisão inteligente".[116] [Grifou-se].

2.1.5 O caso Truman

O caso Truman vs. Thomas foi decidido pela Corte da Califórnia em 1980.[117]

Os filhos de uma paciente que morrera de câncer cervical acionaram-lhe o médico. A alegação básica dos autores fora um tanto surpreendente: o médico falhara em advertir dos riscos do não tratamento, limitando-se a não realizar a intervenção devida, posto que a paciente refutara este tratamento específico.

A Corte alegou que "o não tratamento é uma das alternativas terapêuticas".[118] Além de advertir os pacientes dos riscos e alternativas dos diversos procedimentos cabíveis a cada doença, os médicos devem advertir dos riscos do não-tratamento.

Acima de tudo, o caso Truman reforçou, ainda mais, o escopo do consentimento informado: a proteção à autonomia (*self-determination*) do paciente. No caso, não houve violação à integridade física da enferma (hipótese de *battery*), mas impedimento de seu exercício da autonomia (caso de *negligence).*

---

116 Apud BEAUCHAMP & FADEN. Op. cit., p. 133.

117 Cf. BEAUCHAMP & FADEN. Op. cit., p. 138-139

118 BEAUCHAMP & FADEN. Op. cit., p. 138.

2.2 As cartas éticas mais importantes

Além do avanço das decisões judiciais, também houve evoluções no campo da dogmática acerca do consentimento informado. Pode-se destacar duas cartas éticas de grande importância hodiernamente.

2.2.1 A Declaração de Helsinque

Declaração de Helsinque encontra-se já em sua 10a versão.[119] Seu impacto fora bem menor que o do Código de Nuremberg, mas, de qualquer forma, sua importância reside, precipuamente, em dois aspectos. Antes que tudo, foi o primeiro documento internacional a se referir, textualmente, à ética na pesquisa biomédica com seres humanos. Em segundo lugar – mas não menos importante –, tratou-se de uma iniciativa da própria classe médica (Associação Médica Internacional), a qual reconhecera a necessidade de novos parâmetros éticos para a biomedicina.

---

119 DECLARAÇÃO DE HELSINQUE DA ASSOCIAÇÃO MÉDICA MUNDIAL(WMA) Princípios Éticos para Pesquisa Médica Envolvendo Seres Humanos Adotada pela 18ª Assembleia Geral da WMA, Helsinque, Finlândia, Junho 1964, e emendada pela:29ªAssembleia Geral da WMA, Tóquio, Japão, Outubro197535ª Assembleia Geral da WMA, Veneza, Itália, Outubro198341ª Assembleia Geral da WMA, Hong Kong,Setembro198948ª Assembleia Geral da WMA, Somerset West, África do Sul, Outubro199652ª Assembleia Geral da WMA, Edimburgo, Escócia, Outubro2000 53ª Assembleia Geral da WMA, Washington, EUA, 2002 (acrescentada Nota de Clarificação)55ª Assembleia Geral da WMA, Tóquio, Japão, 2004 (acrescentada Nota de Clarificação)59ª Assembleia Geral da WMA, Seul, Coréia do Sul, Outubro200864ª Assembleia Geral da WMA, Fortaleza, Brasil, Outubro 2013.

A Declaração exige, de forma detalhada, o consentimento informado dos pacientes submetidos a pesquisa, conforme dispõe o seu Capítulo I, [120]o:

> "Em qualquer pesquisa com seres humanos, cada participante em potencial deve ser adequadamente informado sobre as finalidades, os métodos, os benefícios esperados, os possíveis riscos e sobre o desconforto que a pesquisa possa trazer. O participante em potencial deve ser informado de que tem plena liberdade para se abster de participação na pesquisa e de que é livre para suspender o consentimento sobre sua participação a qualquer momento. O médico deve obter então o consentimento informado, dado de forma livre e preferentemente por escrito".[121]

---

120 Adotada na 18a Assembleia Médica Mundial, Helsinki (1964), alterada na 29a Assembleia, em Tóquio (1975), 35a em Veneza (1983), 41a em Hong Kong (1989), 48a Sommerset West/África do Sul (1996) e 52a em Edimburgo/Escócia (out. 2000).

121 Em pesquisa médica envolvendo seres humanos capazes de dar consentimento informado, cada sujeito em potencial deve ser adequadamente informado dos objetivos, métodos, fontes de financiamento, quaisquer conflitos de interesse possíveis, afiliações institucionais do pesquisador, os benefícios esperados e potenciais riscos do estudo e o desconforto que ele possa provocar, provisões pós-estudo e quaisquer outros aspectos relevantes do estudo. O sujeito em potencial deve ser informado do direito de se recusar a participar do estudo ou de retirar seu consentimento em participar a qualquer momento, sem represálias. Atenção especial deve ser dada às necessidades de informações específicas de cada sujeito em potencial, bem como aos métodos para fornecer a informação. Depois de assegurar que o sujeito em potencial compreendeu a informação, o médico ou outro indivíduo apropriadamente qualificado deve então buscar obter o consentimento informado livremente dado pelo sujeito em potencial, preferivelmente por escrito. Se o consentimento não pode ser expresso por escrito, o consentimento não escrito deve ser formalmente documentado

Há, ainda, uma preocupação de resguardar o bem-estar do indivíduo, acima de qualquer outro valor:

> "Capítulo I
>
> [...]
>
> 10 – Na obtenção de consentimento informado para projeto de pesquisa, o médico deve ser particularmente cuidadoso com o indivíduo que, de alguma forma, dependa dele ou possa ter concordado sob pressão. Nesse caso, o consentimento informado deve ser obtido por um médico que não esteja envolvido na pesquisa e que seja completamente independente nesse relacionamento oficial.[122]
>
> Capítulo III
>
> [...]
>
> 4o Na pesquisa com seres humanos, as considerações sobre o bem-estar dos participantes da pesquisa devem prevalecer sobre os interesses da ciência e da sociedade".[123]

---

e testemunhado. A todos os sujeitos de pesquisa médica deve ser dada a opção de serem informados sobre o desfecho geral e resultados do estudo

122 Ao buscar o consentimento informado para participação na pesquisa, o médico deve ser particularmente cuidadoso se o sujeito em potencial está em uma relação de dependência com o médico ou pode consentir sob coação. Em tais situações, o consentimento informado deve ser buscado por um indivíduo apropriadamente qualificado completamente independente desta relação.

123 Ainda que o principal objetivo de pesquisa médica seja gerar novos conhecimentos, este objetivo nunca pode ter precedência sobre os direitos e interesses de cada sujeito da pesquisa.

2.2 Convenção de Direitos Humanos e Biomedicina (Conselho da Europa)

O documento jurídico hodierno mais importante é, sem dúvida, a Convenção de Direitos Humanos e Biomedicina.[124] Tratando de um amplo espectro de assuntos concernentes à bioética, despendeu grandes esforços para regulamentar o consentimento informado, elevando-o ao status de "direitos humanos". Além disso, deixa claro que o consentimento informado é exigível para todo tipo de tratamento biomédico, e não só para atividades de pesquisa.

Assim, o Capítulo II da Convenção trata, minunciosamente, do consentimento. Destaquem-se os seguintes aspectos:

> Art. 5o Regra Geral
>
> Uma intervenção no campo da saúde só pode ser realizada depois de a pessoa [que sofrerá a intervenção] ter dado seu consentimento livre e informado para tal. Essa pessoa deve, antecipadamente, receber informações apropriadas acerca do propósito e natureza da intervenção, bem como de seus riscos.
>
> [...]
>
> Art. 9o
>
> Os desejos concernentes a intervenções médicas, previamente expressos pelo paciente, quando este não os puder fazer no momento da intervenção, devem ser levados em conta.

Do exposto, fica claro que toda intervenção biomédica deve

124 Oviedo, Espanha, em 4 de abril de 1997.

ser previamente autorizada pelo paciente. Muito embora a Convenção de Direitos Humanos e Biomedicina não fale de forma explícita, pode-se afirmar que esse assentimento não deve ser meramente formal, mas ter o escopo de autodeterminação do indivíduo a ser tratado, buscando, inclusive, o efetivo entendimento do paciente.

A grande arma, ou os insumos dos quais o paciente deve-se valer estão contidos nas informações passadas pelo médico. Qual deve ser então, em suma, o conteúdo e a qualidade das informações?

O CONTEÚDO DA INFORMAÇÃO

A informação fornecida pelo médico deve ter o escopo básico de buscar a "autodeterminação esclarecida" (*self-determinationdisclosure, Selbstbestimmungaufklarüng*) do paciente.[125]

Para tanto, seu conteúdo deve preencher certos requisitos. Enumerem-se alguns, ressaltado que não se pretende criar uma lista de *numerusclausus*.

3.1 Diagnóstico e decurso possível da doença

A informação deve indicar a natureza da doença do paciente, além dos prognósticos e possíveis incertezas do decurso da enfermidade. Além disso, deve-se alertar sobre os possíveis benefícios e/ou malefícios do não-tratamento.

---

125 Cf. VAN OOSTEN. Op. cit., p. 297.

3.2 A terapêutica a ser utilizada e seus escopos

A informação deve indicar, de forma clara e detalhada, o tratamento a ser adotado e seus objetivos (curativo, paliativo, mitigar a dor etc.). Deve-se incluir, também, quanto a ser invasiva ou não invasiva a intervenção.

Também são aspectos relevantes:

- duração do tratamento;
- partes do corpo a serem tratadas;
- circunstâncias da terapêutica (uso de anestesia, local do tratamento, presença ou não de dor etc.).

3.3 Riscos e possíveis complicações do tratamento

Trata-se de informação dos riscos correlacionados com a terapêutica a ser utilizada, bem como suas possíveis complicações (efeitos colaterais, dor, tratamentos subsequentes necessários etc.).

Pode-se afirmar que o médico deve ter em conta, pelo menos, quatro aspectos do risco a ser informado:[126]

- a natureza do risco (perda de funções, complicações pós-operatórias etc.);
- a magnitude do risco (debilidade permanente ou transitória, duração dos efeitos colaterais etc.);

126 Cf. HIGTHON, Elena I. & WIERZBA, Sandra M. *La relación médico-paciente: elconsentimiento informado*. Buenos Aires: AD-HOC, 1991, p. 279-281.

- a probabilidade de materialização dos riscos;
- a duração do "estado de risco" (risco existente só no pós -operatório, risco permanente etc.).

Note-se que o "compartilhamento dos riscos" entre médico e paciente, pela via da informação, não exime o médico de ter todo o "devido cuidado padrão" (*standard dueofcare*) na realização do ato cirúrgico ou qualquer outro tipo de procedimento biomédico.

3.4 Alternativas terapêuticas

Informação concernente à disponibilidade ou não de outros métodos de tratamento *in casu*. Mesmo que o médico naturalmente opte pelo caminho que lhe pareça mais eficiente e de maior proveito, a decisão deve pertencer ao paciente. Informado, ele pode escolher segundo valores individuais que mais lhe sejam convenientes.

A QUALIDADE DA INFORMAÇÃO

Tão importante quanto o conteúdo da informação deve ser sua qualidade. Não se pode perder de vista que o consentimento informado deve-se embasar em ato autônomo do paciente capaz, pois, "na ausência de uma decisão autônoma, o consentimento informado torna-se mero consentimento".[127] [Grifou-se].

Para tanto, todos os requisitos mínimos do ato autônomo devem estar presentes. Tal é obtido por uma efetiva relação entre médico e paciente, almejando-se, tanto quanto se puder, uma real

127 SWITANKOWSKY. Op. cit., p. 1.

comunicação entre as partes envolvidas.[128] A "comunicação real" pode propiciar, o mais possível, o entendimento, pelo paciente, da doença e possíveis tratamentos. Assim, intencionalmente e, ao máximo, livre de influências controladoras, pode autorizar ou negar a terapêutica.

A comunicação efetiva entre médico e paciente nem sempre é fácil. Diferentes tradições e níveis de educação entre as partes podem ser um forte empecilho.[129] Algumas técnicas e requisitos visam a facilitar o diálogo.

Primeiramente, a informação deve ser fornecida, preferencialmente, de forma oral. A oralidade da comunicação, em regra, facilita o entendimento do paciente, pois "[é] assombroso até que ponto a palavra falada se interpreta a si mesma, pelo modo de falar, o tom, a cadência etc., assim como pelas circunstâncias nas quais se fala".[130] É certo que o registro gráfico do consentimento informado deve ser feito (por vários motivos, inclusive para efeitos probatórios), mas o medium comunicativo deve ser, sempre que possível, oral.

Uma relação de confiança e respeito mútuos, se desenvolvida, propicia uma comunicação maior entre médico e paciente. Para que isso ocorra, o dever de sinceridade e honestidade das partes também deve estar presente.[131] Não se pode prescindir do dever de falar a verdade ou, no mínimo, calar a verdade, desde que não com o intuito de ludibriar. O médico pode, por exemplo, recusar-se a fornecer determinadas nuances da informação, desde

---

128 Cf. SWITANKOWSKY & DI CARLO. Op. cit., p. 74.

129 GADAMER. Verdade..., cit., p. 573.

130 Cf. SWITANKOWSKY. Op. cit., p. 105.

131 Cf. SWITANKOWSKY. Op. cit., p. 106-111.

que não induza o paciente à crença de que diz toda a verdade (uma omissão dolosa).

Em qualquer hipótese, no entanto, não é permitido às partes faltar à verdade.[132]

A empatia entre médico e paciente também favorece a comunicação entre as partes.[133] Se o médico desenvolve um relacionamento em que haja cooperação com o paciente – e este sinta seus valores respeitados – o consentimento informado será obtido com mais apuro. A experiência dos "médicos de família" é uma proposta que bem preenche esse requisito.

privacidade-confidencialidade na relação entre o médico e o paciente também é fundamental, no caso. Seus desdobramentos são mais complexos, por isso haverá desenvolvimento mais minucioso em capítulo próprio.

FRAGMENTOS DE AUTONOMIA: RESGATANDO A VONTADE DO PACIENTE

Não são raros os casos nos quais o paciente não pode exercer per si sua autonomia, afirmadora de sua individualidade, por meio do consentimento informado. Destaquem-se duas situações básicas: o tratamento emergencial, em que o enfermo, combalido pelos danos físicos (ou mesmo psicológicos) sofridos, está impedido de manifestar-se; a segunda situação, mais dramática, diz respeito ao paciente o qual, por força de circunstâncias superve-

---

132 Cf. VILLELA, João Baptista. Falar a verdade, calar a verdade e faltar à verdade. Repertório IOB de Jurisprudência, São Paulo, n. 15/94, 1ª quinz. ago. 1994, cad. 3, p. 291-289.

133 Cf. SWITANKOWSKY. Op. cit., p. 114-116.

nientes, também fica impedido de exprimir os seus anseios. Tal pode ocorrer na iminência ou durante o tratamento e de forma temporária (v. g., o coma reversível) ou definitiva (v. g., o coma irreversível).[134]

No concernente à primeira situação, qual seja, a do tratamento emergencial, a tendência da doutrina e legislação alienígenas é suprimir, em caráter excepcional, o imperativo do consentimento informado como requisito para o tratamento.[135] É o que ocorre, por exemplo, no direito dos Estados Unidos em geral.

No art. 8º da Convenção de Direitos Humanos e Biomedicina, de Oviedo, em 4 de abril de 1997, do Conselho da Europa, na fica claro o exposto. Mas ressalte-se: a emergência, por si só, não dá azo à dispensa do consentimento; é necessário que se some à impossibilidade de exercício da autonomia pelo doente.

A segunda situação merece uma análise mais detalhada. Quando, no curso do tratamento, o paciente fica impossibilitado ocasionalmente ou definitivamente de manifestar sua vontade, a família passa a ter papel muito relevante. Ressalvada a hipótese da existência de diretivas avançadas (as quais serão analisadas em momento oportuno), insumos necessários para a reconstrução, o mais próxima possível, da vontade do enfermo devem ser encontrados.

---

134 O estado de morte encefálica não deve ser confundido com o estado vegetativo persistente ou coma irreversível, estado esse em que o córtex é atingido, mas não o tronco cerebral. Em tal caso, o indivíduo atingido pode respirar por ele mesmo; ele perdeu, entretanto, o uso de suas faculdades superiores. Cf. SAINT-ARNAUD, *Jocelyne. Réanimation et transplantation: lamortreconceptualisée, Sociologie et Sociétés*, Montréal, v. XXVIII, n. 2, automne 1996, p. 98.

135 Cf. APPELBAUM, LIDZ & MEISEL. Op. cit., p. 67-69.

Mecanismos de amparo à vontade do paciente podem ser muito úteis, pois, frequentemente, há discrepância entre as possíveis deliberações do enfermo e as do corpo clínico:

> "[Vários estudos mostram] que o cuidado médico não se faz uniforme com as declarações previamente expressas pelo declarante".[136]

5.1 O papel da família

Para analisar como se deve proceder quando da consulta à família, na hipótese em questão, é necessário explicitar duas considerações.

A condição eudemonista da família contemporânea.[137] Sob a égide da liberdade, a família mobiliza-se em prol do indivíduo; anacrônica está, pois, a concepção, de vezo utilitarista, a qual colocava o indivíduo como instrumento da comunidade familiar.

O caráter não necessariamente biológico do parentesco. A paternidade, conforme Villela, em obra revolucionária, não advém da consanguinidade, mas precipuamente do afeto.[138] O raciocínio pode ser estendido à maternidade, à fraternidade, enfim, a todas as relações de parentesco. É de se destacar que a doutrina antropológica contemporânea inclina-se para a mesma posi-

---

136 BERGER. Arthur. *Whenlifeends: legal overviews, médico-legal forms, and hospital policies*. London: Praeger, 1995, p. 46.

137 Cf. VILLELA. Liberdade..., cit., p. 15.

138 VILLELA, João Baptista. Desbiologização da paternidade. Revista da Faculdade de Direito [da] Universidade Federal de Minas Gerais, Belo Horizonte, n. 21, maio 1979, p. 401-419.

ção;[139] historicamente, tal concepção de parentesco já encontrou existência no Brasil.[140]

Postas essas considerações, deve-se afirmar que o objetivo da representação não é tentar ser um "substituto psicológico" do paciente – explicitado na pergunta "se eu estivesse nesta situação, o que faria?"; pelo contrário, a afinidade psicológica não é tão importante. O essencial é a aproximação dos (supostos) desejos do paciente – "o que ele gostaria que fosse feito?".

A busca do representante, desagrilhoada da família tradicional, deve centrar-se na escolha daquele que melhor conheça a vontade do paciente.

Um interessante estudo realizado nos Estados Unidos mostrou que a confiança é o fulcro da representação. Dentre os possíveis representantes avaliados, "cônjuges e parceiros íntimos [incluindo amigos próximos] são os que melhor conhecem os valores e preferências dos pacientes".[141]

Assim, inicialmente, pode-se afirmar que a teleologia da representação do paciente é reconstituir o mais próximo possível a sua vontade – há, portanto, uma certa indiferença à consanguinidade:

> "Conforme estudos de decisão por representante têm demonstrado, famílias, como tradicionalmente concebidas,

---

139 Cf. COPANS, J. et al. Antropologia: ciência das sociedades primitivas? [L'Anthropologie: sciencedessociétésprimitives?]. Trad. J. Pinto de Andrade. Lisboa: Edições 70, 1988 p. 52.

140 Cf. QUEIRÓS MATTOSO. Op. cit., p. 172-176.

141 HARE, Jan, PLATT, Clara & NELSON, Carrie. *Agreementbetweenpatientsandtheir self-selectedsurrogatesondifficult medical decisions. ArchivesofInternal Medicine, Corvalis,* v. 152, May 1992, p. 1052. New York: Oxford University Press, 1995, p. 27.

> frequentemente não são o melhor guia para [retratar] os desejos do paciente".

Não são raros os casos de pacientes portadores de Aids que se afastaram da família (por vontade própria ou segregação). Nesses casos, por exemplo, é no núcleo de convivência do enfermo onde se encontram as diretrizes mais seguras para reconstituir a sua vontade.

5.2 As diretivas avançadas[142]

Uma outra forma de resguardar a autonomia do paciente, quando de sua impossibilidade de manifestar-se, é uso das diretivas avançadas.

De fato, nos Estados Unidos, desde 1991, ano da promulgação do Patient Self-DeterminationAct, é permitido ao paciente redigir documentos, os quais, se necessário, serão utilizados em momentos oportunos, como, por exemplo, no estado de coma.

O art. 9º da Convenção de Direitos Humanos e Biomedicina de Oviedo, em 4 de abril de 1997, também dá azo à confecção desses documentos.

Esses documentos, cujo conteúdo é explicitado pelo paciente no exercício de sua autonomia, podem assumir duas formas: as "disposições paratestamentárias" (living wills) ou "mandato

---

142 Cf. Resolução 1995/2012 do Conselho Federal de Medicina. CONSELHO FEDERAL DE MEDICINA. Resolução no 1.995, de 9 de agosto de 2012. *Dispõe sobre as diretivas antecipadas de vontade dos pacientes*. Disponível em: < http://www.portalmedico.org.br/resolucoes/CFM/2012/1995_2012.pdf>. Acesso em: 26/06/2019

duradouro" (durablepowerofattorney).[143] Ambos apresentam peculiaridades as quais os tornam distintos do testamento e do mandato tradicionais.

5.2.1 As disposições paratestamentárias

A primeira forma de documento, cujo conteúdo indica as diretivas avançadas são as "disposições paratestamentárias". Distinguem-se do testamento tradicional, basicamente, por dois aspectos: o seu caráter extrapatrimonial e sua execução em vida do "testador".[144]

Seu conteúdo pode ser variável; em termos genéricos indica procedimentos a serem seguidos pelo corpo clínico quando o paciente já não pode fazê-lo per si.

Via de regra, deve conter disposições sobre recusa ou aceita-

---

143 BEAUCHAMP & CHILDRESS. Op. cit., p. 242.

144 Ressalte-se que, historicamente, já houve documentos semelhantes, no Brasil, chamados, à época, de "Cartas de Consciência", regulamentadas pela Resolução de 3 de julho de 1813. Essa Resolução apresenta-se, no entanto, obscura, sem maiores referências, inclusive quanto ao órgão emissor; de qualquer forma, teve a rubrica de "Sua Alteza Real". As "Cartas de Consciência" representavam atos de última vontade das pessoas naturais, contendo disposições em segredo, apensas ou não ao testamento propriamente dito. Assim, nos dizeres de Reis: "Esses documentos [...] nomeavam santos como advogados no Tribunal Divino, indicavam a quantidade e o tipo de missas que considerassem necessárias a abreviar a passagem para o Purgatório, escolhiam o modelo de mortalha, às vezes o tipo de caixão [...]": Cf. REIS, João José. O cotidiano da morte no Brasil oitocentista. In: ALENCASTRO, Luiz Felipe (Org.). História da vida privada no Brasil – Império: a Corte e a modernidade nacional. São Paulo: Companhia das Letras, 1997, p. 102.

ção de métodos de reanimação cardiorrespiratória, amputações, manutenção da vida vegetativa por aparelhos etc.

5.2.2 O mandato duradouro[145]

O "mandato duradouro", outra forma possível para as diretivas avançadas, é um contrato cujo intuito – a delegação de poderes específicos – é muito semelhante ao do mandato tradicional. Difere-se deste, no entanto, por ser "duradouro", ou seja, mantém seus efeitos mesmo quando o mandatário perde sua capacidade de tomar decisões autônomas. Assim, o mandatário atuará suprindo a vontade do paciente (e em atenção aos seus supostos desígnios) quando este estiver impossibilitado de fazê-lo. Os poderes podem ser mais ou menos amplos, incluindo a recusa de amputações, quimioterapia, reanimação cardiorrespiratória etc.

O melhor, parece, é o documento que combine as "disposições paratestamentárias" e o "mandato duradouro".

Assim, o mandatário teria bases mínimas para proceder à escolha de decisões tão importantes que importariam em vida e morte do mandante e, ao mesmo tempo, ele atuaria supletivamente quando as "disposições testamentárias" não contivessem todas as previsões para as conjunturas às quais o enfermo submeter-se-á.

---

145 Cf. art. 2º, §1º da Resolução 1995/2012 do Conselho Federal de Medicina.

4

Privacidade na relação médico-paciente

E meus olhos dizem a meu coração:
Esconde-te, velho, tu és grotesco, e ele se esconde.[146]

Maupassant

INTRODUÇÃO

A privacidade do paciente, por vezes nomeada de "segredo médico" ou "confidencialidade", é frequentemente invocada como um direito básico. É fato perceptível, quase mesmo de forma intuitiva, que é necessário preservar a esfera da vida privada do indivíduo, nas suas relações com médicos e corpo clínico.

Assim, o art. 5º, X, da Constituição Federal de 1988, tratou de positivar esse direito, assegurando, genericamente, a inviolabilidade da vida privada e da intimidade, a par da reparação por dano material ou moral que porventura decorra da violação desse direito.

Mas, afinal, o que se pode entender por privacidade? Como

146 MAUPASSANT, Guy. Apud POIRIER, Jeanne. *Présentation de Guy de Maupassant*. In: MAUPASSANT, Guy. Vingt Cont. Rio de Janeiro: Americ-Edit, [s.d.], p. 14.

esse princípio pode conformar a relação entre médico e paciente? Várias são as implicações desses questionamentos, sendo imperativo averiguar o conceito e o escopo da privacidade do paciente.[147]

A SEMÂNTICA MÚLTIPLA DA PRIVACIDADE

O debate sobre a natureza da privacidade – ou, de outra forma, sobre a exigência de limites entre os espaços público e privado – não é nem um pouco recente. Georges Duby, por exemplo, chega a correlacionar o conceito de *privatus* na Roma clássica com o do século XIX, e de fato há grande similitude entre eles.[148]

A primeira evocação de privado e privacidade recai na definição de fronteiras espaciais. Dentro de certos limites físicos (precipuamente a casa, o domicílio), a normatividade

particular, encontrando legitimidade nos costumes familiares. Por oposição, fora dessa barreira física, a autoridade coletiva dita as regras a toda a comunidade. O próprio vocábulo privatum designa recursos próprios, propriedade, em oposição a res publica, comum a todos. Não nos parece em vão, portanto, o fato de haver autores apregoando que a privacidade nada mais é que uma decorrência da propriedade.[149]

---

147 Cf. Capítulo IX Código de Ética Médica (Sigilo Profissional). CONSELHO FEDERAL DE MEDICINA. Resolução nº 1931 de 17 de setembro de 2009. *Código de Ética Médica.* Disponível em: <https://portal.cfm.org.br/images/stories/biblioteca/codigo%20de%20etica%20medica.pdf>. Acesso em 26/06/2019.

148 Cf. DUBY, Georges. Poder privado, poder público. In: DUBY, Georges (Org.). História da vida privada – 2: da Europa feudal à Renascença [*Histoire de lavieprivée*, vol 2: de *l'Europeféodale à la Renaissance*]. Trad.

149 Maria Lúcia Machado. São Paulo: Companhia das Letras, 1990, p. 22.

Os limites físicos, guardiães da privacidade e da família, têm, sem dúvida, magna importância.[150] Mas a privacidade deve ser resguardada sem o limite dos muros. Também no espaço físico dito público, a vida íntima deve encontrar resguardo. Urge opor-se à desmesurada intervenção do Poder Público na vida dos indivíduos. Encontra-se aí uma nova faceta da privacidade: o *righttobeletalone*, o qual parece ter forte inspiração kantiana.[151] Há uma tendência marcante em limitar a intervenção do Estado na vida particular, coibindo abusos como os ocorridos à época da já descrita fase da medicina positivista, do início do século XX, no Brasil. Os espaços individuais crescem, o intervencionismo é mitigado: "[A] clara a tendência tem sido expansão dos direitos concernentes à privacidade, e não o inverso".[152]

O debate público/privado assume, portanto, outra conotação: os limites de poder: "[É] preciso admitir que a oposição entre vida privada e a vida pública é menos uma questão de lugar que de poder".[153]

Mais recentemente, a doutrina ligada à temática da privacidade tem voltado seus olhos não só para a invasão da vida privada pelo Poder Público (oficial). Tão perniciosa quanto os abusos deste é a intrusão, realizada por particulares, na esfera privada do indivíduo. Há que se limitar a "invasão social" na esfera particular das pessoas, pois pode produzir os mesmos efeitos perversos do intervencionismo desmedido do Estado:

---

150 Cf. DECEW, Judith Wagner. In pursuitofprivacy: law, ethicsandtheriseoftechnology. Ithaca: Cornell University Press, 1997, p. 54.Cf. art. 5º, XI, da CF/88.

151 cit., p. 21. DUBY. Op. cit., p. 23.

152 Cf. Capítulo II, 2, deste trabalho. DECEW.

153

> "[O] contraste [entre invasão pelo Estado ou por particulares] não é entre poder e não-poder, mas entre duas naturezas de poderes [...]. A correção e o castigo cabem a autoridades diferentes".[154]

O poder atuante sobre a pessoa natural pode manifestar-se de diversas formas. Há a manifestação mais grosseira, sob as vestes do poder físico, como seria, por exemplo, a internação compulsória de um paciente, feita por seus familiares. Nesse caso, o *righttobeletalone* pode ser invocado também para defesa, ante às intromissões de particulares na vida privada da pessoa natural. Percebe-se, claramente, a estreita conexão entre essa faceta da privacidade e o já referido conceito de autonomia estática do paciente.[155]

Merece mais atenção, nesse momento, uma forma de manifestação do poder que pode, potencialmente, violar a privacidade do paciente: o controle de informações. Assim, o médico e, de maneira mais geral, o corpo clínico, têm acesso às recônditas nuances da personalidade do enfermo. O dever do médico de respeito à privacidade, no concernente a informações sobre a pessoa do paciente, já encontrava respaldo no vetusto Juramento Hipocrático.[156]

Assim, utilizando-se da classificação proposta por Decew, pode-se definir o campo de aplicação da privacidade, no que tange à relação médico-paciente:[157]

154 Op. DUBY. Op. cit., p. 23.

155 Cf. DECEW. Op. cit., p. 27 e passim.

156 BEAUCHAMP & CHILDRESS. Op. cit., p. 418. Os autores preferem chamar esse aspecto da privacidade de confidencialidade.

157 Cf. DECEW. Op. cit., p. 73-80.

A "privacidade acessível", com inspiração no *righttobeletalone*, a qual garante o direito do paciente a fornecer ao médico só as informações que deseja, bem como impedir intromissões médico-clínicas em sua vida íntima, resguardando sua personalidade.

divulgação de informações, pelo médico, sem a autorização do paciente.

Esses dois aspectos da privacidade têm conexão íntima com a autonomia do paciente. Autodeterminação e possibilidade de relacionamento devem sempre ser resguardados. Esclareça-se, agora, a conexão de privacidade com autonomia do paciente. Esse deve ser o grande objetivo da proteção da vida íntima do enfermo.

ESCOPOS DA PRIVACIDADE NA RELAÇÃO MÉDICO-PACIENTE

A privacidade do enfermo deve ser resguardada no ensejo do relacionamento com o médico, seja este prestador de serviços particulares ou públicos. Mas não seria a privacidade antagônica à própria noção de relacionamento? De outra forma, a privacidade não teria um escopo de isolar?

Esse debate torna-se ultrapassado quando se recorre, novamente, à noção de autonomia dinâmica. É certo que o direito a estar só (*righttobeletalone*) ainda existe, mas a privacidade deve também ser adutora da autonomia, no sentido de permitir o relacionamento com o médico. Esse é seu objetivo geral. Não parece em vão que um dos mais importantes teóricos no assunto, F. Schoeman, fundamente toda a sua teoria acerca da privacidade na busca da intersubjetividade, como o próprio título da obra sugere.[158]

158 Cf. SCHOEMAN, Ferdinand David. Privacyand social freedom. New York: Cambridge University Press, 1992, passim.

Para tornar o debate mais claro, pode-se dividir o estudo do escopo da privacidade na relação entre médico e paciente em dois aspectos: o ético-social e o pragmático.

3.1 O aspecto ético-social

A correlação entre privacidade e relacionamento (ligado à autonomia dinâmica) fica mais clara ao encetar-se o estudo da noção de estigma.[159]

O desenvolvimento da teoria da estigmatização deve ser creditado a Erving Goffman. Em sua magnífica obra Estigma desenvolve as ideias concernentes a esse perverso mecanismo de segregação e desconstrução da individualidade do ser humano.[160]

O estigma é gerador de uma situação em que o indivíduo fica inabilitado para a aceitação social plena. Deriva da categorização e classificação de pessoas segundo fatores diversos, como sua ideologia, religião, raça etc. Desenvolve uma identidade social virtual, em contraposição à identidade social real. Nesta, sabe-se quem a pessoa é e porque o é. Naquela, há uma discrepância entre o estereótipo de "homem ideal" e o estigmatizado. Por exemplo, deixo de ser "A" para ser portador da característica "x". A partir da estigmatização, passa-se a construir justificativas para o desvio da normalidade. Por exemplo, ele tem a característica

---

159 Tanto quanto se pôde apurar, o vocábulo tem origem grega, denotando sinal, marca etc.: Cf. PEREIRA, Isidro. Dicionário grego-português e português-grego. 7. ed. [s.l.]: Livraria Apostolado da Imprensa, 1990, stigma

160 Cf. GOFFMAN, Erwing. Estigma: notas sobre a manipulação da identidade deteriorada [Stigma: notes onthe management ofspoiledidentity]. Trad. Márcia Bandeira de Mello Leite Nunes. 4. Ed. Rio de Janeiro: Guanabara Koogan, 1988, passim.

"x" porque tem comportamento desviante, não segue normas sociais preestabelecidas etc.

Na relação médico-paciente, quando não há respeito à privacidade, a estigmatização do enfermo pode ocorrer de maneira dramática, solapando as suas possibilidades de relacionamento social. Através da já referida "classificação científica", o paciente assume a identidade virtual gerada pelo estigma de sua doença. Veja-se o exemplo da Aids: surgida como uma doença "não-democrática", posto que associada, ao menos inicialmente, aos grupos de risco, pode gerar a morte das relações sociais desse enfermo. Por trás do estigma da Aids está a correlação com o homossexualismo, o uso de drogas injetáveis etc.[161]15

A privacidade, nesse caso, é o resguardo à personalidade do paciente. Sem a divulgação de seu status, o enfermo pode, na medida do possível, continuar os seus relacionamentos sociais, tendo sua autonomia resguardada. Assim, segundo Schoeman, "[A] s normas de privacidade que pro-movem a auto expressão são aquelas que importam no pleno engajamento das pessoas. Denomino-as *expressive roles*".[162]

Pode-se, então, revelar o primeiro grande objetivo colimado, ao resguardar-se a privacidade do enfermo na sua relação com o médico: a defesa da personalidade, na medida em que fornece guarida à autonomia, visando a promover a liberdade social.[163]

---

161 Cf. STANCIOLI, Brunello. Une visionjuridiquedesdroitsdumaladeauBrésil. Revue de droit de lasanté/ TijdschriftvoorGezondheidsrecht, Gand, 2. année, mars-avr., 1996-1997, n. 4, p. 302-307.

162 SCHOEMAN. Op. cit., p. 18.

163 SCHOEMAN. Op. cit., p. 2.

3.2 O aspecto pragmático

O segundo grande escopo da privacidade na relação entre médico e paciente é de ordem prática. Ao garantir-se a não-divulgação das informações obtidas pelo médico, através de exames, entrevistas etc., o paciente tem sua confiança no médico incrementada. Isso facilita a intersubjetividade entre as partes, proporcionando maior facilidade na obtenção de dados acerca da patologia do enfermo, bem como circunstâncias que favorecem o diagnóstico e o próprio tratamento.[164]

A relação médico-paciente deve ser permeada pela fidúcia recíproca. Caso haja a possibilidade de quebra do sigilo, a insegurança do paciente pode mesmo obliterar o tratamento.

Mas, afinal, a privacidade do paciente deve ser respeitada sem restrições?

O BALANÇO CUSTO-BENEFÍCIO DA PRIVACIDADE

Certas situações surgidas no relacionamento médico-paciente parecem evocar tormentosos dilemas éticos. Trata-se de situações nas quais se fazem necessárias ponderações acerca do risco envolvido na manutenção da privacidade do paciente e os possíveis transtornos, já apontados, gerados pela quebra da privacidade.

As conjunturas podem ser as mais diversas possíveis, como, por exemplo, a necessária notificação a uma entidade de ensino cujo motorista de ônibus escolar sofre de epilepsia.[165]

---

164 Cf. BEAUCHAMP & CHILDRESS. Op. cit., p. 422.

165 Cf. BEAUCHAMP & CHILDRESS. Op. cit., p. 425.

Um caso específico ficou famoso na literatura jurídica e bioética. Trata-se de Tarasoff vs. *Regents of the University of* Califórnia,[166] julgado pela Suprema Corte do Estado da Califórnia.

O caso, em linhas gerais, pode ser descrito como se segue. Em 27 de outubro de 1969, Posenjit Poddar assassinou Tatiana Tarasoff. Os pais de Tatiana ajuizaram ação contra os membros do Conselho Universitário da Universidade da Califórnia, alegando dois motivos:

> Em 20 de agosto de 1969 (portanto cerca de dois meses antes do assassinato), Poddar havia declarado a seu terapeuta, Dr. Lawrence Moore, do hospital universitário da referida universidade, suas intenções de matar Tatiana. O terapeuta comunicou o fato à polícia, que deteve Poddar por 72 horas, liberando-o, a seguir, por considerá-lo "racional", segundo laudo do diretor do referido hospital, Dr. Harvey Powelson.

Em nenhum momento os réus (dentre eles o Dr. Moore e o Dr. Powelson) avisaram Tatiana ou seus pais do perigo iminente a que ela estava sujeita.

A Corte decidiu pela responsabilidade dos réus, alegando, em suma:

- O médico tem o dever de "cuidado razoável" para com as possíveis vítimas de seu paciente;
- As diligências do médico devem ser suficientes para obliterar o risco de danos, podendo ir da persuasão do paciente, da advertência às vítimas potenciais até ao pedido de auxílio policial;

---

166 Utilizou-se das anotações e comentários de BEAUCHAMP & CHILDRESS. Op. cit., p. 509-512.

- A privacidade entre médico e paciente pode (e deve) ser quebrada quando for grande o risco de danos às vítimas potenciais do paciente.

Esse caso foi o embrião de várias diretrizes para a possível quebra de privacidade na relação entre médico e seu paciente. Tais diretrizes, se não resolvem todos os conflitos na espécie, ao menos produzem uma centelha de luz para dirimir um problema de tal grandeza. Uma breve análise de cada uma delas faz-se conveniente.

4.1 Magnitude do risco envolvido

O risco que incide na vítima potencial deve ser grande para que haja quebra de privacidade. Uma alusão genérica, um desabafo ocasional deve ter relevância muito menor que um comportamento obstinado do paciente. Caso haja realmente determinação em afetar uma vítima, um dos requisitos para a quebra de sigilo está claro.

4.2 Magnitude do dano

O dano a ser sofrido pela vítima potencial também há de ser de magnitude considerável. A mera ameaça de insultos verbais deve ser diferenciada de um possível assassinato ou lesões corporais graves a serem praticadas pelo paciente.

4.3 Vítima potencial identificável[167]

A vítima potencial há de ser identificada ou, ao menos, identificável, para que se justifique a quebra da privacidade do paciente. O mero argumento de "perigo de dano sociedade" não dá azo à quebra do sigilo médico.

certo que há doenças de notificação compulsória.[168] No entanto, essa notificação, com fins de saúde pública, deve ter apenas cunho estatístico, sem individuação do portador da doença.

De maneira geral, pode-se afirmar que a regra é sempre a privacidade, devendo-se ter todo o cuidado possível ao quebrantá-la.

Essa foi a axiologia adotada pelo Conselho da Europa, na Convenção de Direitos Humanos e Biomedicina, de Oviedo, Espanha, em 4 de abril de 1997. No seu Capítulo III (Vida Privada e Direito à Informação), há a regra geral de privacidade (art. 10, 1) e sua possível exceção (art. 10, 3).

---

167 Cf. BAYER, Ronald. *La confidencialidad y sus limites*. In: FUENZA- LIDA -PUELMA, Hernán et al (Eds.). *Aportes de la ética y elderecho al estudiodel SIDA*. Washington: *OrganizaciónPanamericana de laSalud*, 1990, p. 155-157.

168 Cf. Lei n. 6.295/75 e Portaria n. 1.100/96 do Ministério da Saúde do Brasil.

5

Uma visão crítica do direito ao tratamento: os princípios da beneficência e da não-maleficência

Há doenças piores que as doenças,
Há dores que não doem nem na alma
Mas que são dolorosas mais que as outras.[169]

Fernando Pessoa

SAÚDE E SUBJETIVIDADE DO BEM-ESTAR – A ATENÇÃO À AUTONOMIA E DIVERSIDADE CULTURAL DO PACIENTE[170]

1.1 Direito à saúde?

Com referência à teoria do consentimento informado – resultado de um ato autônomo do paciente – é conveniente, agora, avaliar o conceito de saúde no contexto do tratamento médico e sua correlação com a autonomia da vontade. Pode-se começar pelo suposto "direito à saúde", com a discussão relativa à sua existência.

---

169 PESSOA, Fernando. Obra poética. 3. ed. Rio de Janeiro: Nova Aguilar, 1997, p. 186.

170 Cf. Cap I – XXI, XXIII; arts. 15; 24; 31; 41; 42; 74 e 101 do Código de Ética Médica.

De fato, a Constituição Federal de 1988 refere-se, mais de uma vez, a esse suposto direito, seja no art. 6º, caput (São direitos sociais [...] a saúde [...]), sob a égide dos Direitos Fundamentais, seja no art. 196, caput (A saúde é direito de todos [...]). Deve-se, então, avaliar o conceito de saúde.

A Organização Mundial de Saúde (OMS), a esse respeito, propõe a seguinte assertiva:

> "A saúde é um estado de completo bem-estar físico, mental e social, e não apenas a ausência de afecções ou enfermidades".[171]

A disposição importa em um caráter quase transcendental da plena saúde, se seguida à risca a proposta pela OMS. Atingir a saúde, em termos objetivos, torna-se uma tarefa impossível, talvez só reservada àqueles que conseguem uma espécie de nirvana, no curto período da vida terrena:

> "A crença em um progresso infinito que levará o ser humano à saúde absoluta [...] fundamenta-se em uma esperança messiânica. [...] Em suma, de promessas de salvação comuns a todas as grandes religiões".[172]

A correlação entre saúde e salvação não é recente: essas palavras, em verdade, nada mais são que variantes semânticas de uma só origem, em *salusutis* (latim). Essa palavra, efetivamente, pode significar tanto salvação, conservação (da vida) quanto

---

171 Apud PÉREZ TAMAYO, Ruy. *El concepto de enfermedad*. México: Fondo de Cultura Económica, 1988, t. 2, p. 215.

172 LAPLANTINE. Antropologia da doença *[Anthropologie de lamaladie]*. Trad. Walter Lelis Siqueira. São Paulo: Martins Fontes, 1991, p. 241-243.

saúde, cura, bem-estar, ventura, felicidade etc.[173]

Que dizer, então, do "direito à saúde"? Parece totalmente equivocada a expressão, pois carrega um fardo ainda mais pesado que o "direito à salvação e à vida eterna". Efetivamente, se para o pecador este é obtido com o perdão, aquele independe do próprio enfermo e é impossível de ser alcançado, quanto mais pelo frágil poder curativo dos médicos: "Apesar de, obviamente, constituir o objetivo da ação médica, a saúde não é algo 'feito' pelo médico".[174]

noção de bem-estar, nos termos retro da OMS, é extremamente efêmera e subjetiva, imensurável por meios científicos, sendo um estado avaliável tão-somente pelo próprio indivíduo em correlação com sua cultura, como será visto ainda neste capítulo. ,

Pode-se afirmar, por outro lado, a existência do direito ao tratamento. Esse constitui-se em núcleo dos cuidados demandados pela saúde – ele, sim, passível de exigência. O direito à saúde vem, há muito, sendo invocado como um direito fundamental. Parece óbvio, no entanto, que a ninguém pode ser assegurada uma saúde perfeita. O "direito à saúde é, pois, inexigível; é pertinente falar-se, no entanto, do direito ao cuidado da saúde".[175]

---

173 QUICHERAT, L. & SARAIVA, F. R. Novíssimo diccionário latino-portuguez. 9. ed. Rio de Janeiro: Garnier, [s.d.], salus. A Salus dos romanos correspondia à Higiéia dos gregos, filha de Asclépius, com a qual veio a confundir-se pouco a pouco. Ela tinha sobre o Quirinal, junto à colina Salutaris, um templo, fundado por ocasião da Guerra junto à colina Salutaris, um templo, fundado por ocasião da Guerra ocorria em 8 de agosto: Cf. AUGÉ, Paul (Org.). Larousse du XX e siècle. Paris: Larousse, 1928, v. 6, salus.

174 GADAMER. O mistério..., cit., p. 28.

175 ROEMER, Ruth. *The right to health care.* In: FUENZALIDA-PUELMA, Hernán & CONNOR, Susan Schoele (Eds.). The righttohealth in Americas: *a comparative constitutional study.* Washington: *Pan American Health*

Não há que se negar, no entanto, o caráter positivo da definição da OMS, ao expor o correlacionamento entre saúde e sociedade, ficando patente a necessidade e urgência de ser respeitada a dignidade do paciente:

> "O direito individual à saúde deve incluir a proteção à integridade física e dignidade humana [...]. O direito social ao cuidado com a saúde expressa a responsabilidade da sociedade em proteger a saúde dos cidadãos e assegurar-lhes cuidados nos tempos de doença".[176]

De qualquer maneira, o mais importante dessa discussão, agora, é afirmar que, na maioria das civilizações, passadas ou hodiernas, a doença (e não a saúde) traz a exigência de ajuda, de tratamento, pois "subsiste o fato fundamental de que é a doença, e não a saúde, que se auto objetiva".[177]

Deve-se, portanto, direcionar a análise para os diversos processos de reconhecimento e percepção da doença, seja em nível cultural, seja em nível individual. Só assim é que se pode aferir como alcançar um patamar mínimo de bem-estar, a ser buscado pelo paciente.

1.2 A pluralidade de sistemas da medicina e a iatrogênese estrutural

A averiguação de como um determinado sistema médico identifica a doença leva à inexorável conclusão de que á *v*árias formas de compreender e tratar os males que afligem o bem-estar

---

Association, 1989, p. 17.

176 ROEMER. Op. cit., p. 17.

177 GADAMER. O mistério..., cit., p. 104.

do indivíduo.[178] Cada sociedade, ou melhor, cada estrutura social, pertencente ou não a um mesmo Estado, possui suas peculiaridades de tratamento. A doença é uma representação simbólica correlativa a cada cultura, havendo uma estreita imbricação entre ideologia, tradição e medicina.

Certas formas de organização política chegam a proibir determinados modelos médicos, considerados inadequados à ideologia oficial do Estado, a qual deve ser imposta a qualquer preço:

> "Marxistas chineses são um exemplo, no presente século, quando tentaram importar conceitos de medicina ocidental moderna para substituir aquela influenciada pelo pensamento de Confúcio, a qual era incompatível com sua filosofia social".[179]

Essa diversidade de sistemas da medicina leva a um fenômeno conhecido por iatrogênese estrutural, ou seja, a doença é fabricada em correspondência com o modelo médico adotado.[180] O que pode ser considerado enfermidade por um dado sistema pode não o ser para outro. Veja-se o seguinte exemplo narrado por Unschuld:

> "Pacientes que, demonstrando sintomas de prameha, consultassem um médico do Ocidente seriam classificados como saudáveis [...]. Um médico védico [do sistema cultural do Sri Lanka], por outro lado, seria forçado, quando encontrasse esse conjunto de sintomas, a adotar um curso particular de terapêutica. Ele sabe que, igno-

---

178 Conforme visto no capítulo II deste trabalho. UNSCHULD, Paul U. *The conceptual determination (Überformung) of individual andcollectiveexperiencesofillness.* In: CURRER, Caroline

179 STACEY, Margaret (Eds.). Conceptsofhealth, illnessanddisease: acomparative perspective. Leamington Spa: Berg Publishers, 1986, p. 55.

180 Cf. ILLICH. Op. cit., p. 32.

> rando esses sintomas, haverá [em um último estágio] o diabetes incurável".[181]

Assim, é um equívoco considerar o modelo médico ocidental como o único modelo correto. Pelo contrário, apresenta-se sujeito a falibilidades como todo conhecimento humano. A crença na sua perfeição pode ser identificada com o sonho positivista de se produzir um conhecimento puro, através do exercício racional da ciência.

Muito pelo contrário, o paciente deve manter uma postura crítica ante o modelo médico a ser adotado e, mais que isso, ter liberdade de escolhê-lo e opinar a seu respeito, seja ele ocidental ou oriental, alopático ou homeopático. Com uma postura crítica ante esses modelos, o paciente pode buscar a sua recuperação de maneira muito melhor:

> "No meio dessa inundação informativa, o leigo vê-se obrigado a receber os dados provenientes de um determinado setor da informação [os quais] são por isso parciais [...]. É necessário ao leigo, que não deseja obter informações tendenciosas e dirigidas a influir na sua ação política, formar seu próprio juízo sobre os fatos".[182][Grifou-se].

Parece que a melhor opção é apostar na capacidade crítica dos membros da sociedade, permitindo-lhes escolher entre os diversos meios possíveis de tratamento. A desconstrução de modelos médicos, enraizados em uma dada sociedade, além de representar uma absurda perda cultural, diminui as oportunidades de desenvolvimento da medicina. Pode-se optar, assim, pelo pluralismo:

---

181 UNSCHULD. Op. cit., p. 32.

182 GADAMER. O mistério..., cit., p. 17.

> "Um sincretismo conceitual [...] levaria ao escopo de existência independente de todas as visões de mundo participantes, que interagiriam mais ou menos pacificamente com os múltiplos sistemas de ideias".[183]

Avaliar epistemologicamente os diversos sistemas médicos é outro problema árduo e angustiante, que foge ao objeto deste trabalho. De qualquer maneira, tal avaliação deve ser cuidadosa e, sobretudo, livre de preconceitos, não colocando, a priori, a medicina ocidental, eurocêntrica, em um patamar superior às demais.

Pode-se afirmar, portanto, que o exercício da autonomia do paciente começa com o processo de escolha do modelo médico-tradicional com o qual mais se identifica.

1.3 A subjetividade do bem-estar e a busca do tratamento dialógico

Como já exposto, a medicina "fabrica" doenças no indivíduo, sob consensos mais ou menos estáveis, não sendo nada mais que representações intersubjetivas, internas a um dado modelo médico. Resta saber como se comporta o indivíduo ante a doença e qual o seu papel no tratamento.

Não há que se desprezar a via inversa; o indivíduo deve ser o primeiro agente na detecção da enfermidade:

> "[M]esmo hoje, quando somos bombardeados com esquemas científicos, ainda há espaço para uma gama de percepções sensitivas na explanação de doenças".[184]

---

183 UNSCHULD. Op. cit., p. 56.

184 HERZLICH, C. & PURRET, J. Illness: from causes tomeanings. In: CURRER, Caroline & STACEY, Margaret (Eds.). Conceptsofhealth, illnessan-

Não é em vão que os vocábulos *kranksein* (alemão) *e illness* (inglês) apontam o sentido subjetivo da doença, o "sentir-se doente". Por oposição, *Krankheit* e *disease* indicam o caráter objetivo da doença, segundo um dado sistema; referem-se, enfim, ao "estar doente".

Vários elementos, extra científicos, inundam o processo subjetivo de percepção da doença:

> "A explanação da doença [illness] estende-se além das explanações médicas porque é procurada em um caminho que vai além do que a medicina pode fazer".[185]

Chega a ser um reducionismo grosseiro tratar o paciente só pela ótica de sua composição biológica, de seu corpo. O isolamento causado pela hospitalização, por exemplo, pode desconstruir a saúde do paciente, dadas as alienações espacial e social que sofre. Mais além, o enfermo perde o controle sobre o seu próprio corpo, devido à avançada técnica médica.

Ora, a técnica pode ser um discurso hermético, não dando azo ao diálogo. Ao ser exercida pelo corpo clínico, pode deixar pouca margem para as percepções individuais da doença e da saúde. Com sua lógica interna, busca padronizações segundo modelos preestabelecidos, os quais podem não corresponder à percepção do mal-estar do paciente. A saúde, reafirme-se, não é algo a ser "concedido" pelo médico, mas uma busca permanente, que extrapola os limites do tratamento físico: "Ser saudável não

---

ddisease: a comparative perspective. Leamington Spa: Berg Publishers, 1986, p. 76.

185 HERZLICH & PURRET. Op. cit., p. 75.

é estar curado".[186] O bem-estar não é atingido só pelo tratamento físico; mais além, deriva de um processo de avaliação holístico do indivíduo, e não apenas seus aspectos biológicos: "[O médico] deve poder ver além do caso [a doença], a fim de captar o homem na totalidade da sua situação vital".[187]

Mas a realidade do ser humano é inapreensível pelo olhar clínico, por mais que tenha aparatos sofisticados de observação. Deve ser dado espaço para a observação pessoal do paciente, como elemento fundamental do tratamento, pois ninguém melhor que ele próprio para perceber quando se sente bem. Explicar a doença é também uma questão de observação diária e de percepção, as quais podem (e devem) ser feitas pelo enfermo.

A perquirição de um modelo de tratamento que busque o constante respeito à individualidade do paciente é um dos grandes objetivos da bioética hoje. O pressuposto fundamental desse respeito à dignidade de quem é tratado irrompe de uma nova postura médica, menos voltada para o paternalismo e atenta à subjetividade do enfermo: "A arte da medicina atinge a sua perfeição quando se dobra sobre si mesma e deixa o outro em liberdade".[188]

O princípio da bioética, correlacionado com o problema em questão, é o já visto princípio da autonomia do paciente. Respeitar as suas diretrizes é, como visto, retirar o paciente da condição de objeto da ciência médica e permitir-lhe ser sujeito ativo do tratamento. Mais além, deve-se buscar a recomposição de seu status de sujeito de direito, respeitando-se toda a complexidade social, que se agregou em definitivo à sua personalidade:

---

186 GADAMER. O mistério..., cit., p. 40.

187 GADAMER. O mistério..., cit., p. 49.

188 GADAMER. O mistério..., cit., p. 48.

> "[No caso,] não se trata tanto da supressão de algo, quanto, pelo contrário, da reinserção do paciente no círculo da vida humana, familiar, social e profissional, que se desenrola no meio da comunidade entre as pessoas".[189]

Pode-se afirmar que, mais além do direito ao tratamento, deve haver possibilidade de escolha de um determinado tipo de tratamento. O poder de escolha de uma ou outra forma de terapêutica deve pertencer, também, ao paciente. O conceito de saúde passa, pois, inexoravelmente, pela atribuição de autonomia do paciente.

Visto isso, pode-se avaliar melhor como deve ocorrer o processo de tratamento médico.

BENEFICÊNCIA E NÃO-MALEFICÊNCIA

Os princípios da beneficência e da não-maleficência são invocados pela doutrina bioética para dirimir conflitos, no ensejo da relação entre o corpo clínico e o paciente. De origem imemorial, por vezes têm sua gênese creditada ao Juramento Hipocrático, embora nenhuma evidência concreta corrobore a assertiva.

De qualquer maneira, a tradição bioética cuidou de consolidá-los. Não é em vão que o Código de Ética Médica do Brasil dispõe:

> Art. 6º O médico deve guardar absoluto respeito pela vida humana atuando sempre em benefício do paciente [princípio da beneficência]. Jamais utilizará seus conhecimentos para gerar sofrimento físico ou moral, para

---

189 GADAMER. O mistério..., cit., p. 79.

> extermínio do ser humano ou para permitir e acobertar tentativa contra a sua dignidade e integridade [princípio da não-maleficência].[190]

Urge, no entanto, uma revisão crítica desses princípios (que são as diretrizes para o tratamento médico), coadunando-os com a já apresentada visão de autonomia do paciente.

O PRINCÍPIO DA BENEFICÊNCIA

Este princípio é tradicionalmente invocado para legitimar o tratamento de pacientes. Diferentemente do princípio da não -maleficência, objetiva uma ação em favor do indivíduo.

Em termos gerais, a beneficência pode ser definida como "toda forma de ação intentada para o benefício de outros".[191] O princípio acarreta, portanto, "uma obrigação de ajudar os outros a promoverem seus interesses legítimos e importantes".[192]

Essa definição, como apresentada, em termos estritamente ético-morais, aponta para um comportamento comunitário ideal, mas pragmaticamente irrealizável. Em termos fenomenológicos, é factualmente impossível atender a todos os apelos de beneficência em prol de todos aqueles que dela necessitam. Portanto, fazer

---

190 No novo Código de Ética Médica instituído pela Resolução CFM nº1.931/09:
Capítulo I - Princípios fundamentais
VI - O médico guardará absoluto respeito pelo ser humano e atuará sempre em seu benefício. Jamais utilizará seus conhecimentos para causar sofrimento físico ou moral, para o extermínio do ser humano ou para permitir e acobertar tentativa contra sua dignidade e integridade.

191 BEAUCHAMP & CHILDRESS. Op. cit., p. 260.

192 BEAUCHAMP & CHILDRESS. Op. cit., p. 260.

uma distinção entre um ideal geral e uma obrigação específica, embasada nesse princípio, contraída com sujeitos determinados (ou, pelo menos, determináveis) é bastante útil. No caso do paciente, ora sob cuidados médicos, o princípio pode (e deve) ser aplicado com mais segurança, pois o sujeito passivo dos benefícios está determinado. O médico tem um vínculo que o obriga a tratar do enfermo. O staff médico não age com ideais filantrópicos (ou, ao menos, não só filantrópicos), mas obrigacionais.

3.1 Beneficência vs. paternalismo

Para melhor avaliar o princípio da beneficência, não se pode esquecer a distinção básica entre paternalismo e dever de assistência. Muito embora sejam pertinentes as mais variadas críticas a este último tipo de atitude (que pode apresentar sua versão deturpada, o assistencialismo), mais interessa agora superar a visão daquele primeiro meio de postura ético-política. Assim, segundo Ronald Dworkin, o paternalismo propugna a ideia de que:

> "[E]m uma comunidade política genuína, cada cidadão tem a responsabilidade pelo bem-estar dos outros membros e, assim, deveria utilizar sua força política para reformar aqueles cujas práticas defeituosas arruinarão as vidas de outrem".[193]

Note-se aqui a diferença: o dever de assistência busca fornecer os meios necessários para o suposto bem-estar de um indivíduo; o paternalismo, diversamente, inibe e repele, por vezes normativamente, a visão crítica pessoal do membro da comunidade

---

193 DWORKIN, Ronald. *Liberal comunity*. In: DWORKIN, Gerald (Ed.). *Morality, harmandthelaw*. Boulder: *Wetsview Press*, 1994, p. 36.

relativamente ao bem-estar. A distinção é sutil. Sujeita-se a muitas críticas. Mostra-se, porém, fundamental para a compreensão do paradoxo de que se deve até mesmo combater a tentativa de impor (ao interessado) uma vida melhor, de maneira exógena.

Um exemplo pode iluminar a distinção: o dever de assistência imporia o fornecimento de gêneros de subsistência (comida, remédios etc.) para um necessitado. O paternalismo proibiria formas religiosas que pregassem a abstinência de comida. Em suma, o paternalismo busca uma padronização ética, supostamente boa, para o comportamento dos membros de uma comunidade.

A tradição da medicina no Brasil revela tendências paternalistas, dado o seu próprio passado histórico. No entanto, não se deve confundir tratamento sem o consentimento do paciente com atitudes paternalistas.

Exemplos como a internação compulsória e os fatos a ela relacionados, na já relatada fase médica conhecida como higienismo, não representam paternalismo, posto que não buscavam o bem-estar do enfermo. Esse traço, ainda que questionável, é a teleologia fundamental do paternalismo.

Qual a relação entre beneficência e autonomia do enfermo? De outra maneira, pode-se buscar o bem-estar de um paciente sem o seu consentimento?

Ora, como já visto, o bem-estar não pode ser focalizado objetivamente. Ao contrário, não há como separar o procedimento supostamente benéfico para alguém da visão crítica de bem-estar desse alguém. Ronald Dworkin fornece outro exemplo:

> "Suponha alguém, que, podendo levar uma vida de homossexual, não o faz, por medo de punição. Se ele nunca endossa a vida que leva como superior àquela que, por

> outro lado, poderia levar, então a sua vida não foi melhorada, mesmo em senso crítico, por constrangimentos paternalísticos que ele odeia".[194]

O problema de julgamento das posturas éticas de um indivíduo (sua visão própria de bem-estar) recai, novamente, na autodeterminação, na autonomia. A relação entre beneficência e autonomia não deve ser de oposição, mas de incorporação. O princípio da beneficência deve subordinar-se ao princípio autonomia: o dever do médico (relativo ao tratamento) advém, pois, da vontade do paciente. Assim:

> "Para os proponentes da autonomia do paciente, as obrigações do médico como informação, busca de consentimento, confidencialidade e privacidade são estabelecidos primordialmente (e até exclusivamente) pelo princípio da autonomia".[195]

A tendência atual de doutrina e legislação alienígenas concernentes à bioética (e, extrapolando esses campos epistemológicos, a tendência do próprio direito) é de banir o paternalismo, desvinculando-o do princípio da beneficência. Cresce, cada vez mais, o entendimento de que o Estado deve adotar a postura de "neutralidade liberal", expungindo normas que venham a ditar o suposto bem-estar do indivíduo, chamadas ironicamente de "leis do bom samaritano".[196] Assim, conforme Moreno:

---

194 DWORKIN, Ronald. Op. cit., p. 42.

195 BEAUCHAMP & CHILDRESS. Op. cit., p. 272.

196 No original, *goodsamaritanlaws*: Cf. WEINRIB, J. Ernest. *Dutytorescue*. In: DWORKIN, Gerald (Ed.). *Morality, harmandthelaw.* Boulder: Wetsview Press, 1994, p. 134-144. Como oposição à "neutralidade liberal", tem-se o "perfeccionismo estatal", o qual propugna a ideia de que o indivíduo deve

> "Na doutrina da neutralidade liberal [cresce] a visão de que, em uma sociedade liberal, o Estado não deve endossar uma visão particular de 'vida boa', mas deve, ao invés, prover um espaço no qual homens e mulheres estão livres para buscarem sua própria visão de bem-estar (autonomia) e associarem-se com outros que compartilhem da mesma visão (consenso)".[197]

3.2 Futilidade de tratamento médico

O conceito de futilidade médica apresenta polissemia na doutrina bioética. Por vezes, é associado a uma espécie de "paternalismo passivo", ou seja, a recusa de tratamento, feita pelo médico, em busca do suposto bem-estar do paciente (seja biológico ou psicológico). Pelo já exposto, o médico não deve buscar a sua visão de bem-estar, mas sim a do paciente; deve até mesmo rejeitar aquele tipo de atitude.

Interessa mais, agora, outro conceito de futilidade médica. Os médicos costumam rejeitar a ministração de determinados tratamentos com base na "futilidade", ou seja, procedimentos que teriam pouca ou nenhuma eficácia para ajudar a reabilitação física ou psicológica do paciente. O problema é mais complexo que aparenta. Por um lado, o conceito de futilidade é, em regra, embasado em dados estatísticos. De fato:

> "Geralmente as probabilidades de sucesso são estabelecidas de maneira estatística, a partir dos ensaios experimentais. Nos escritos médicos, porcentagens variando de

---

aceitar planos e modelos de vida heterônomos (paternalistas). Tal ideologia encontra-se em pleno declínio: Cf. PELAYO GONZÁLEZ-TORRE. Op. cit., p. 82.

197 MORENO. Op. cit., p. 9.

> 0,15% a 14% são consideradas como indicadores de um tratamento ineficaz".[198]

Ora, epistemologicamente, dados estatísticos nunca podem ser usados para casos particulares, precipuamente em se tratando de assunto tão delicado como a vida humana. Se assim for, recair-se-á em um utilitarismo grosseiro, solapando as condições físicas e psicológicas peculiares a cada ser humano.

Além disso, o conceito de "futilidade" é muito subjetivo e particular à classe médica. Do ponto de vista do paciente e de sua família, pode ser que nenhum tratamento seja considerado "fútil". Assim, conforme Berger:

> "[...] da perspectiva do paciente, se [um procedi-mento de] reanimação cardiorrespiratória permitir-lhe continuar a viver outra hora, dia, mês ou ano, ela pode não ser fútil porque poderá dar a Deus tempo para realizar um milagre".[199]

Como se pode perceber, o assunto é mais complexo e polêmico que aparenta. Parece que essas decisões sobre vida e morte são demasiado importantes para pertencerem tão-somente aos profissionais de saúde:

> "Não é simplesmente uma questão de julgamento médico [estabelecer] quais esforços devem ser tomados para ganhar alguns dias ou semanas de tempo adicional, mesmo que a sobrevivência devida ao tratamento não possa ser razoavelmente esperada".[200]

---

198 SAINT-ARNAUD. Op. cit., p. 96.

199 BERGER. Op. cit., p. 64-65.

200 BEAUCHAMP & CHILDRESS. Op. cit., p. 290.

As situações em que o médico pode recusar a ministração de determinado tratamento serão discutidas posteriormente.

O PRINCÍPIO DA NÃO-MALEFICÊNCIA

Este princípio está associado com a máxima *primum non nocere*, ou seja, sobretudo não causar dano. No contexto, implica a obrigação de o corpo clínico não causar, intencionalmente, nenhum mal ao paciente.

Em geral, o dever de não-maleficência é mais preciso que o de beneficência. Não se confundem: a não-maleficência implica não infringir mal ou dano, enquanto a beneficência impõe o dever de prevenir e remover males e danos, além de promover o bem do paciente.

Há uma suposta hierarquia apriorística do princípio da beneficência sobre o da não-maleficência? De outra forma, deve-se fazer um mal, em busca de um suposto bem maior? A maioria da doutrina contemporânea responde negativamente à questão. Há que se ressaltar: não há supremacia de um princípio sobre o outro; eles estão no mesmo plano axiológico. Como exemplo, pode-se citar o chamado "aborto terapêutico", em que há uma suposta exigência de matar o feto para salvar a vida da gestante – desrespeitar a não-maleficência para resguardar a beneficência. Aqui não há que se falar em hierarquia; é um erro grosseiro tentar valorizar uma vida em detrimento de outra.[201] Assim, conforme Beauchamp&Childress:

> "[S]ugerimos distinguir os princípios da não-maleficência e beneficência [...] sem propor uma escala normativa ou estrutura hierárquica".[202]

---

201 O exemplo foi colhido das lições do Prof. Dr. João Baptista Villela.

202 BEAUCHAMP & CHILDRESS. Op. cit., p. 192.

4.1 A noção de dano ao paciente e o *standard dueofcare*

A teoria do dano médico tem sido explorada na literatura jurídica, precipuamente sob a égide da responsabilidade civil. Invoca-se o princípio genérico, positivado no art. 159 do Código Civil Brasileiro, além do art. 1.545 do mesmo Código (hoje artigos 186 e 951 do Código Civil Brasileiro). Arguisse que todo dano físico, moral ou psicológico causado culposa ou dolosamente pelo corpo clínico deve ser reparado. Acrescente-se o art. 14, § 4º, da Lei n. 8.078/1990 (Código de Defesa do Consumidor), o qual reforça o esteio legal para essas situações. O médico tem, pois, o dever genérico de diligência e cuidado técnico no tratamento do paciente.

Uma cogitação a ser feita diz respeito ao uso de novas tecnologias (excluídas as hipóteses de pesquisa, que têm tratamento jurídico próprio). Está intrínseco ao dever de diligência do médico (*standard dueofcare*) a busca de técnicas terapêuticas de vanguarda? A não-utilização desses novos conhecimentos, ainda que produzam bons resultados clínicos, configura dano? O Código de Ética Médica do Brasil a esse respeito assim dispõe:

> Art. 5º O médico deve aprimorar continuamente seus conhecimentos e usar o melhor do progresso científico em benefício do paciente.[203]

---

203 No novo Código de Ética Médica instituído pela Resolução CFM nº1.931/09:

Capítulo I - Princípios fundamentais

V - Compete ao médico aprimorar continuamente seus conhecimentos e usar o melhor do progresso científico em benefício do paciente]

O direito alienígena tende à mesma exigência, conforme, por exemplo, o Patient Bill ofRights, dos Estados Unidos:

> "5.2. [Os hospitais, clínicas, serviços de atendimento saúde etc. têm a obrigação de] providenciar cuidado de alta qualidade e modelos profissionais de alto nível que sejam mantidos e revisados regularmente pelo hospital e seu corpo profissional".

Assim, há a exigência de constante reciclagem dos recursos técnicos e humanos do corpo clínico. No entanto, há uma certa margem de autonomia do médico na escolha do tratamento (desde que aprovado pelo paciente). Não há como traçar um modelo rígido de "devido cuidado legal"; é preciso que se proceda a uma análise caso a caso. Técnicas demasiado ultrapassadas, no entanto, podem configurar dano ao paciente, inclusive quanto à sua exposição a riscos desnecessários.[204]

LIMITES À MINISTRAÇÃO DE TRATAMENTO – OBJEÇÃO DE CONSCIÊNCIA DO MÉDICO[205]

Dentro do dever amplo do médico, concernente aos princípios da não-maleficência e da beneficência, determinadas situações, posto que dotadas de especial complexidade, merecem atenção mais detalhada. Tal ocorre quando o médico (ou o cor-

---

204 BEAUCHAMP & CHILDRESS. Op. cit., p. 194.

205 Cf. Resolução 2.232/2019 do Conselho Federal de Medicina. CONSELHO FEDERAL DE MEDICINA. Resolução nº 2.232/2019, de 16 de setembro de 2019. *Estabelece normas éticas para a recusa terapêutica por pacientes e objeção de consciência na relação médico-paciente.* Disponível em: <https://sistemas.cfm.org.br/normas/visualizar/resolucoes/BR/2019/2232>. Acesso em: 30/10/2019

po clínico) se recusa a tratar o paciente a que atende. Há que se distinguir várias situações, avaliando-se as sutilezas que as diferenciam, para apresentar soluções minimamente convincentes e satisfatórias.

Todas as situações a serem apresentadas agora resultam de uma requisição específica de determinado tratamento, feita pelo paciente. Exclui-se, pois, o direito mais genérico de acesso ao tratamento que, se de magna importância, foge aos objetivos propostos neste trabalho. O acesso ao tratamento médico é um problema palpitante, em especial para certos grupos socioculturais e econômicos. Não deve, porém, ofuscar as controvérsias emergentes do relacionamento que ocorre entre o corpo clínico e o paciente. Também não se trata da hipótese do acordo entre médico e paciente quanto ao tratamento, nesse momento, quando o paciente entra em acordo com o médico quanto ao tratamento (caso em que há um acordo entre as partes, na ocasião do processo de consentimento informado). Também não há que se adentrar no debate de situações em que o paciente recusa um tratamento, pois aqui, conforme já explorado, predomina o princípio da autonomia. O debate centra-se, aqui, na requisição de uma prestação positiva a cargo do médico, a qual pode ser recusada, dependendo da conformação do caso.

A primeira situação é concernente à demanda, pelo paciente, de um tratamento julgado inútil pelo médico, mas potencialmente livre de riscos para a saúde do doente (situação com grande proximidade do já discutido conceito de futilidade médica, com a diferença de que aqui há uma requisição específica do paciente). Isso se apresenta, por exemplo, quando um indivíduo quer realizar um exame de pouca ou nenhuma utilidade objetiva aparente. Aqui não há por que recusar o pedido, pois, se por um lado nenhum mal físico será causado, por outro o paciente pode se sentir melhor, mais seguro, gerando, que seja, o fim de uma apreensão subjetiva. Assim:

> "Quando uma intervenção médica é virtualmente livre de riscos, e pode ser benéfica, não há uma boa razão [segundo os princípios da beneficência, autonomia e não-maleficência] para recusar a demanda do paciente".[206]

A objeção que pode ser feita é concernente ao custo desse tratamento. Em se tratando de uma relação economicamente privada, não há problemas, pois tudo corre a expensas do paciente. Problema maior ocorre quando o tratamento feito com gastos públicos, especialmente quando há escassez de provisões médicas (v. g., filmes para raios X). Em um modelo ideal, a prioridade, nesse caso, deve ser o bem-estar do paciente, mesmo que seja mera tranquilidade psicológica. Esse deve ser o mote. Dessa maneira:

> "Decisões em casos individuais não devem ser embasadas em considerações econômicas, a menos que a sociedade tenha desenvolvido linhas formais para o uso dos recursos médicos em questão".[207]

As linhas mestras que dirimem esses conflitos – caos extremos, de grande custo e nenhum ou mínimo benefício – representam uma demanda pela administração da escassez de recursos para a saúde. Problema complexo, que remete a políticas públicas, extrapolando os limites da discussão aqui proposta.

Outra hipótese a ser cogitada é a requisição de um trata-

---

206 BEAUCHAMP & CHILDRESS. Op. cit., p. 194.

207 BRET &McCULLOGH. Op. cit., p. 1350-1351.

mento específico, feita por um paciente, mas que o médico considera inapropriado. Um bom exemplo é o relativo à demanda por antibióticos, que podem trazer melhoras ao doente. Não são inúteis ou ineficazes, mas podem não representar, no caso, a melhor opção de tratamento. Assim:

> "[A] crescente efetividade da farmacologia na prática médica tem influenciado o comportamento de pacientes, posto que o potencial alívio rápido dos sintomas por terapia à base de drogas é um conceito atrativo".[208]

Não há que se falar em objeção de consciência do médico, mas de mera inconveniência do método curativo. Aqui, não há problema em se recusar a demanda do tratamento específico:

> "Certas intervenções são rotineiramente guiadas por critérios objetivos (no sentido de empiricamente testados); por exemplo, agentes antibacteriológicos são usados para infecções bacteriológicas suspeitadas ou provadas. Um médico não está obrigado a fazer essas intervenções disponíveis ante a demanda do paciente, se não há indicações objetivas para elas".[209]

Há que se ressaltar a possibilidade de, a qualquer tempo, o paciente solicitar a opinião de outro profissional médico, para cotejar os tratamentos possíveis e plausíveis.

Situação bem diversa ocorre quando o médico tem motivos de ordem pessoal para recusar a ministração de determinado tratamento específico, requerido pelo paciente. Aqui não se cogita do mal físico, do dano à saúde do paciente. Há situações em que sequer há periculosidade imediata no tratamento demandado.

---

208 BRET &McCULLOGH. Op. cit., p. 1347.

209 BRET &McCULLOGH. Op. cit., p. 1350.

No entanto, indo-se além da objetividade do tratamento, mais uma vez deve relevar-se a subjetividade das partes envolvidas no tratamento, mas agora sob a ótica do médico. De fato, o Código de Ética Médica do Brasil assim dispõe:

> **Capítulo II**
>
> **Direitos do Médico**
>
> É direito do médico:
>
> [...]
>
> Art. 28. Recusar a realização de atos médicos que, embora permitidos por lei, sejam contrários aos ditames de sua consciência.[210]

Situação típica ocorre no direito italiano, no concernente ao aborto. A Lei n. 194, de 22 de maio de 1978 (que dispõe sobre a tutela social da maternidade e sobre a interrupção voluntária da gravidez) acata a objeção de consciência, considerando-a motivo plausível para a recusa de tratamento:

> Art. 9º O pessoal sanitário (e aquele que exerce as atividades auxiliares) não é obrigado a tomar parte [...] nas intervenções para interrupção da gravidez quando levanta objeção de consciência com prévia declaração [...].

O ápice do problema é atingido quando, em situações de

---

210 No novo Código de Ética Médica instituído pela Resolução CFM nº1.931/09:

Capítulo II - Direitos do Médico

IX - Recusar-se a realizar atos médicos que, embora permitidos por lei, sejam contrários aos ditames de sua consciência

emergência, há risco de vida iminente. A que atentar?

vida do paciente ou aos ditames de consciência do médico? Ao dever de tratar ou à individualidade? A já referida lei italiana 194, no mesmo art. 9º, dispõe:

> "A objeção de consciência não pode ser invocada pelo pessoal sanitário e de atividades auxiliares, quando, dada a particularidade das circunstâncias, a sua intervenção pessoal é indispensável para salvar a vida da mulher de iminente perigo."

A mesma axiologia é adotada pelo Código de Ética Médica do Brasil:

> Art. 7º O médico deve exercer a profissão com ampla autonomia, não sendo obrigado a prestar serviços profissionais a quem ele não deseje, salvo na ausência de outro médico, em casos de urgência, ou quando a sua negativa possa trazer danos irreversíveis ao paciente.[211]

Assim, tanto quanto se pode apurar, a dogmática dispõe que, na ocorrência de perigo iminente de vida do enfermo, pode-se exigir tratamento médico, mesmo que contra os ditames de sua consciência.

De qualquer forma, o assunto parece estar longe de ter uma

---

211 No novo Código de Ética Médica instituído pela Resolução CFM nº1.931/09:

Capítulo I - Princípios fundamentais

VII - O médico exercerá sua profissão com autonomia, não sendo obrigado a prestar serviços que contrariem os ditames de sua consciência ou a quem não deseje, excetuadas as situações de ausência de outro médico, em caso de urgência ou emergência, ou quando sua recusa possa trazer danos à saúde do paciente.]

solução definitiva. Estudos mais pormenorizados dessas situações devem merecer atenção da dogmática e da doutrina.

Apontamentos finais e conclusões

No fim do processo argumentativo desenvolvido neste trabalho, pode-se afirmar que se buscou a individualidade do ser humano. Isso só pode ser obtido com o resgate da autonomia dos indivíduos.

A tradição hipocrática, que priorizava o (suposto) bem-estar do paciente, de maneira exógena à sua crítica e sua vontade, parece ter encontrado - ao menos em termos teóricos - o seu crepúsculo. Esse antigo ethos médico, de origem imemorial, preconizava uma espécie de "superioridade moral" do médico e, por consequência, a sua capacidade, a partir desse ponto de vista, de estabelecer regras comportamentais (e, por que não dizer, até mesmo morais!) para o enfermo.[212]

Admitindo-se-lhe as falhas, pode-se propor a existência de um novo modelo para as relações entre médicos e pacientes, modelo este que exigiria do clínico um duplo agir.

Para explicar o "novo papel" do médico parece conveniente recorrer à diferenciação entre "agir técnico" e "agir social".[213]

Assim, o clínico tem uma postura de "observador", atuando

---

212 PELAYO GONZÁLEZ-TORRE. Op. cit., p. 29.

213 Cf. HABERMAS, Jürgen. *La lógica de las ciências sociales* [*ZurLogik der Sozialwissenschaften*]. Trad. Manuel Jiménez Redondo. 3. ed. Madrid: Editorial Tecnos, 1996, p. 81-306.

a partir da dicotomia sujeito-objeto ou, no caso, médico e paciente. Essa função tem como base a detecção de enfermidades, suas características e possíveis tratamentos a serem ministrados.

O "novo papel" do médico – tão complexo e importante quanto o papel anterior – é o de atuar como "interlocutor", ao dialogar com o paciente, buscando o seu efetivo consentimento para a terapêutica.

Em termos teóricos, "para as ciências naturais [no caso a medicina] o que põe em movimento o processo de conhecimento é o interesse técnico de dominação da natureza [e] para as ciências histórico-hermenêuticas o que orienta o conhecimento é o interesse de comunicação".[214]

Tais assertivas levam a duas conclusões básicas:

Pode-se afirmar que o fulcro de um ordenamento jurídico democrático está no exercício da autonomia da vontade, nos âmbitos público e privado. Esse exercício deve ocorrer cotidianamente, buscando-se, em cada ato, o implemento do diálogo, da cognição crítica e da escolha, de maneira que os membros da sociedade possam dar forma e sentido às suas vidas. Tal deve ocorrer de forma sistemática na relação médico-paciente.

Há uma revalorização do negócio jurídico. Esta refinada construção doutrinária encontra um nicho perfeito na teoria do consentimento informado. O diálogo que culmina com um encontro de vontades vinculantes (e todos os requisitos e consequências implicados) é a base da relação entre médico e paciente e um dos principais pilares desse não tão recente ramo do conhecimento, que se convencionou chamar de bioética.

---

214 GUSTIN. Op. cit., p. 166.

Assim, mais que tratamento ou busca do bem-estar físico, o indivíduo deve ter o poder de escolha da forma de terapia que lhe é mais adequada: o grande tribunal será sua própria consciência. Dessa forma, autonomia, ethos crítico, busca de consensos e aceitação da diferença devem ser os grandes valores a se buscar na relação médico-paciente.

Referências bibliográficas

ALENCASTRO, Luiz Felipe. Vida privada e ordem privada no Império. In: ALENCASTRO, Luiz Felipe (Org.). História da vida privada no Brasil – Império: a Corte e a modernidade nacional. São Paulo: Companhia das Letras, 1997.

ALGRANTI, Leila Mezan. Famílias e vida doméstica. In: MELLO

E SOUZA, Laura. História da vida privada no Brasil: cotidiano e vida privada na América portuguesa. São Paulo: Companhia das Letras, 1997.

ANGELL, Marcia. The ethicsofclinicalresearch in third world. New EnglandJournalof Medicine, Boston, v. 337, n. 12, Sep. 1997, p. 847-849.

APPELBAUM, Paul S., LIDZ, Charles W. & MEISEL, Alan. Informedconsent: legal theoryandclinicalpractice. New York: Oxford University Press, 1987.

ARIÈS, Philippe. O homem diante da morte [L'Hommedevantla-mort]. Trad. Luiza Ribeiro. 2. ed. Rio de Janeiro: Francisco Alves, 1990, v. II.

AUGÉ, Paul (Org.). Larousse du XX e siècle. Paris: Larousse, 1928, v. 6.

BAYER, Ronald. La confidencialidad y sus limites. In: FUENZA -LIDA-PUELMA, Hernán et al (Eds.). Aportes de la ética y elderecho al estudiodel SIDA. Washington: Organización Panamericana de laSalud, [c.a. 1990].

BEAUCHAMP, Tom L. & FADEN, Ruth R. A historyandtheoryofinformedconsent. New York: Oxford University Press, 1988.

BEAUCHAMP, Tom L. & FADEN, Ruth R. & CHILDRESS, James F. Principlesofbiomedicalethics. 4. ed. New York: Oxford University Press, 1994.

BERGER. Arthur. Whenlifeends: legal overviews, medicolegalforms, and hospital policies. Londres: Praeger, 1995.

BERNSTEIN, Richard J. Foucault: critique as a philosophicalethos. In: KELLY, Michael (Ed.). Critique andpower: Recastingthe Foucault/Habermas debate. Cambridge: The MIT Press, 1994.

BRET, Allan S. &McCULLOGH, Laurence B. Whenpatientsrequestspecificinterventions: definingthelimitsofthephisician'sobligation. New EnglandJournalof Medicine, Boston, v. 315, n. 21, Nov. 1986, p. 1347-1351.

BRIN, P. & FARGES, A. Philosophiascholastica. 67. ed. [s.l.]: Berchet et Pagis, 1937.

COPANS, J. et al. Antropologia: ciência das sociedades primitivas? [L'Anthropologie: sciencedessociétésprimitives?]. Trad. J. Pinto de Andrade. Lisboa: Edições 70, 1988.

CRITTENDEN, Jack. Beyondindividualism: reconstitutingthe liberal self. New York: Oxford University Press, 1992.

CUNHA, Antônio Geraldo da. Dicionário etimológico Nova Fronteira. 2. ed. São Paulo: Nova Fronteira, 1997.

CUNHA, Manuela (Org.). Legislação indigenista no século XIX. São Paulo: Edusp, 1992.

DECEW, Judith Wagner. In pursuitofprivacy: law, ethicsandthe riseoftechnology. Ithaca: Cornell University Press, 1997.

DOSTOIÉVSKI, Fiódor M. Os irmãos Karamazov. Trad. Natália Nunes e Oscar Mendes. Rio de Janeiro: Abril, 1971.

DUBY, Georges. Poder privado, poder público. In: DUBY, Georges (Org.). História da vida privada – 2: da Europa feudal à Renascença – [Histoire de lavieprivée, vol 2: de l'Europeféodale à la Renaissance]. Trad. Maria Lúcia Machado. São Paulo: Companhia das Letras, 1990.

DWORKIN, Gerald. The theoryandpracticeofautonomy. New York: Cambridge University Press, 1988.

DWORKIN, Ronald. Liberal comunity. In: DWORKIN, Gerald (Ed.). Morality, harmandthelaw. Boulder: Wetsview Press, 1994.

FOUCAULT, Michel. Whatisenlightenment. Trad. Catherine Porter. In: RABINOW, Paul (Ed.). The Foucault reader. New York: Pantheon Books, 1984.

FOUCAULT, Michel.O nascimento da clínica [Naissance de la clinique]. Trad. Roberto Machado. 4. ed. Rio de Janeiro: Forense Universitária, 1994.

FOUCAULT, Michel. Microfísica do poder. Rio de Janeiro: Graal, 1995.

GADAMER, Hans-Georg. O mistério da saúde: o cuidado da saúde e a arte da medicina [Öber die Verbogenheit der Gesundheit – AufsätzeundVorträge]. Trad. António Hall. Lisboa: Edições 70, 1997.

GADAMER, Hans-Georg. Verdade e método: traços fundamentais de uma hermenêutica filosófica [WahrheitundMethode]. Trad. Flávio Paulo Meurer. 2. ed. Petrópolis: Vozes, 1998.

GARCEZ MARINS, Paulo César. Habitação e vizinhança: limites da privacidade no surgimento das metrópoles brasileiras. In: SEVCENKO, Nicolau (Org.). História da vida privada no Brasil – República: da belle époque à era do rádio. São Paulo: Companhia das Letras, 1998.

GOFFMAN, Erwing. Estigma: notas sobre a manipulação da identidade deteriorada [Stigma: notes onthe management ofspoiledidentity]. Trad. Márcia Bandeira de Mello Leite Nunes. 4. ed. Rio de Janeiro: Guanabara Koogan, 1988.

GRIMBERG, Francis. Positivisme et espritscientifiqueenmédecine. La pensée, Paris, n. 300, jan./fev. /mar 1997, p. 112-115.

GUSTIN, Miracy Barbosa de Sousa. Das necessidades humanas aos direitos: ensaio de sociologia e filosofia do direito. Belo Horizonte: Del Rey, 1999.

HABERMAS, Jürgen. O discurso filosófico da modernidade [DerphilosophischeDiskurs der Moderne]. Trad. Ana Maria Bernardo et al. Lisboa: Dom Quixote, 1990.

HABERMAS, Jürgen. Betweenfactsandnorms: contributionsto a discoursetheoryoflawanddemocracy [FaktizitätundGeltung: BeiträgezurDiskurstheoriedesRechtsunddesdemokratischenRechtsstaats]. Trans. William Rehg. Cambridge: The MIT Press, 1996.

HABERMAS, Jürgen. La lógica de lascienciassociales [ZurLogik der Sozialwissenschaften]. Trad. Manuel Jiménez Redondo. 3. ed. Madrid: Editorial Tecnos, 1996.

HARE, Jan, PLATT, Clara & NELSON, Carrie. Agreementbetweenpatientsandtheir self-selectedsurrogatesondifficult medical decisions. Archivesoflnternal Medicine, Corvalis, v. 152, May 1992, p. 1049-1054.

HERZLICH, C. & PURRET, J. Illness: from causes tomeanings. In: CURRER, Caroline & STACEY, Margaret (Eds.). Conceptsofhealth, illnessanddisease: a comparative perspective. Leamington Spa: Berg Publishers, 1986.

HIGTHON, Elena I. & WIERZBA, Sandra M. La relación médico-paciente: elconsentimiento informado. Buenos Aires: AD -HOC, 1991.

HOBSBAWM, Eric. A era dos extremos [Ageof extremes]. Trad. Marcos Santarrita. 2. ed. São Paulo: Companhia das Letras, 1996.

ILLICH, Ivan. A expropriação da saúde: Nêmesis da medicina [Némésis médicale: L'expropriation de lasanté]. Trad. José K. de Cavalcanti. 4. ed. Rio de janeiro: Nova Fronteira, 1975.

KANT, Immanuel. Resposta à pergunta: Que é o iluminismo? Trad. Alexandre Morão. In: MORÃO, Alexandre (Org.). A paz perpétua e outros opúsculos. Lisboa: Edições 70, 1995.

KANT, Immanuel. Sobre a expressão corrente: isto pode ser correto na teoria, mas nada vale na prática. Trad. Alexandre Morão. In: MORÃO, Alexandre (Org.). A paz perpétua e outros opúsculos. Lisboa: Edições 70, 1995.

KÖGLER, Hans Hebert. The powerof dialogue: criticalhermeneuticsafter Gadamer and Foucault [Die MachtdesDialogs: KritischeHermeneutiknach Gadamer Foucault undRorty]. Transl. Paul Hendrickson. Baskerville: MIT Press, 1996.

LANNA, Ana Lúcia Duarte. Uma cidade na transição - Santos: 1870-1913. São Paulo: Hucitec, 1996.

LAPLANTINE. Antropologia da doença [Anthropologie de la maladie]. Trad. Walter Lelis Siqueira. São Paulo: Martins Fontes, 1991.

MACHADO, Roberto. Introdução. Por uma genealogia do poder. In: FOUCAULT, Michel. Microfísica do poder. Rio de Janeiro: Graal, 1995.

MACHADO, Roberto et al. Danação da norma. Rio de Janeiro: Graal, 1978.

MACHADO DE ASSIS. Quincas Borba. 6. ed. São Paulo: Ática, 1985.

MASON, J. K. Consenttotreatmentandresearch in the ICU. In: PACE, Nicholas A. &McLEAN, Sheila A. M. (Eds.). Ethicsandthelaw in intensivecare. New York: Oxford University Press, 1996.

MORENO, Jonathan D. Decidingtogether: bioethicsand moral consensus. New York: Oxford University Press, 1995.

MOTT, Luiz. Cotidiano e vivência religiosa: entre a capela e o calundu. In: MELLO E SOUZA, Laura. História da vida privada no Brasil: cotidiano e vida privada na América portuguesa. São Paulo: Companhia das Letras, 1997.

PELAYO GONZÁLEZ-TORRE, Angel. La intervención jurídica de laactividad médica: elconsentimiento informado. Madrid: Dykinson, 1997.

PEREIRA, Isidro. Dicionário grego-português e português-grego. 7. ed. [s.l.]: Livraria Apostolado da Imprensa, 1990.

PÉREZ TAMAYO, Ruy. El concepto de enfermedad. México: Fondo de Cultura Económica, 1988, t. 2.

PESSOA, Fernando. Obra poética. 3. ed. Rio de Janeiro: Nova Aguilar, 1997.

PLATÃO. A república. 8. ed. Lisboa: Fundação Calouste-Gulbenkian, 1996.

POIRIER, Jeanne. Présentation de Guy de Maupassant. In: MAU-

PASSANT, Guy. Vingt Cont. Rio de Janeiro: Americ=Edit, [s.d.].

QUEIRÓS MATTOSO, Katia M. Bahia século XIX: uma província no Império. 2. ed. Rio de Janeiro: Nova Fronteira, 1992.

QUICHERAT, L. & SARAIVA, F. R. Novíssimo diccionário latino -portuguez. 9. ed. Rio de Janeiro: Garnier, [s.d.].

RABINOW, Paul. Preface. In: RABINOW, Paul (Ed.). The Foucault reader. New York: Pantheon Books, 1984.

REIS, João José. O cotidiano da morte no Brasil oitocentista. In: ALENCASTRO, Luiz Felipe (Org.). História da vida privada no Brasil – Império: a Corte e a modernidade nacional. São Paulo: Companhia das Letras, 1997.

RIBEIRO, Márcia Moisés. A ciência dos trópicos: a arte médica no Brasil do século XVIII. São Paulo: Hucitec, 1997.

ROEMER, Ruth. The righttohealthcare. In: FUENZALIDA -PUELMA, Hernán & CONNOR, Susan Schoele (Eds.). The righttohealth in Americas: a comparativeconstitutionalstudy. Washing-ton: Pan American Health Association, 1989.

SAINT-ARNAUD, Jocelyne. Réanimation et transplantation: lamortreconceptualisée. Sociologie et Sociétés, Montréal, v. XX-VIII, n. 2, automne 1996, p. 93-108.

SANTOS FILHO, Lycurgo. História geral da medicina brasileira. São Paulo: Hucitec, 1976, v. I.

SCHIMIDT, James & WARTEMBERG, Thomas E. Foucault'senlightenment: critique, revolutionandfashioningofthe self. In: KELLY, Michael (Ed.). Critique andpower: recastingthe Foucault/ Habermas debate. Cambridge: The MIT Press, 1994.

SCHNEEWIND, J. B. The inventionofautonomy: a historyofmodern moral philosophy. New York: Cambridge University Press, 1998.

SCHOEMAN, Ferdinand David. Privacyand social freedom. New York: Cambridge University Press, 1992.

SEVCENKO, Nicolau. Introdução. O prelúdio republicano: astúcias da ordem e ilusões do progresso. In: SEVCENKO, Nicolau (Org.). História da vida privada no Brasil – República: da belle époque à era do rádio. São Paulo: Companhia das Letras, 1998.

STANCIOLI, Brunello. Une visionjuridiquedesdroitsdumaladeauBrésil. Revue de droit de lasanté/ TijdschriftvoorGezondheidsrecht, Gand, 2. année, mars-avr., 1996-1997, n. 4, p. 302-307.

SWITANKOWSKY, Irene S. A new paradigm for informedconsent. Maryland: University Press ofAmerica, 1998.

SWITANKOWSKY, Irene & DI CARLO, Chris. A decision procedure for achievinganinformedconsent. Human Health Care, To-ronto, v. 13, n. 3, Fall 1997, p. 72-76.

TELAROLLI JÚNIOR, Rodolpho. Poder e saúde: as epidemias e os serviços de saúde em São Paulo. São Paulo: Unesp, 1996.

UNSCHULD, Paul U. The conceptual determination (Überformung) of individual andcollectiveexperiencesofillness. In: CURRER, Caroline

STACEY, Margaret (Eds.). Conceptsofhealth, illnessanddisease: a comparative perspective. Leamington Spa: Berg Publishers, 1986.

VAN OOSTEN, Ferdinand. The doctrineofinformedconsent in medical law. Frankfurt a M.: Lang, 1991.

VILLELA, João Baptista. Por uma nova teoria dos contratos. Revista de Direito e de Estudos Sociais, Coimbra, n. 2-3-4, ano XX, abr./dez. 1975.

VILLELA, João Baptista. Desbiologização da paternidade. Revista da Faculdade de Direito [da] Universidade Federal de Minas Gerais, Belo Horizonte, n. 21, maio 1979, p. 401-419.

VILLELA, João Baptista. Liberdade e família. Belo Horizonte: Faculdade de Direito da UFMG, 1980.

VILLELA, João Baptista. Para além do lucro e do dano: efeitos sociais benéficos do risco. Repertório IOB de Jurisprudência, São Paulo, n. 22/91, 2ª quinz. nov. 1991, cad. 3.

VILLELA, João Baptista. Falar a verdade, calar a verdade e faltar à verdade. Repertório IOB de Jurisprudência, São Paulo, n. 15/94, 1ª quinz. ago. 1994, cad. 3, p. 291-289.

WEINRIB, J. Ernest. Dutytorescue. In: DWORKIN, Gerald (Ed.). Morality, harmandthelaw. Boulder: Wetsview Press, 1994.

WHITE, Becky Cox. Competencetoconsent. Washington: Georgetown University Press, 1994.

WIEACKER, Franz. História do direito privado moderno. [Privatrechtsgeschichte der NeuzeitunterBesondererBerücksichtigung der deutschenEntwicklung]. Trad. A. M. Botelho Espanha. 2. ed. Lisboa: Fundação Calouste Gulbenkian, 1993.

WOOD, Linda Picard. MerriamWebster'sdictionaryoflaw. Springfield: MerriamWebster's, 1996.

YALOM, Irvin D. Quando Nietzsche chorou: romance da obsessão [When Nietzsche wept]. Trad. Ivo Korytowski. Rio de Janeiro: Ediouro, 1995.

Índice onomástico

Atenção: Os números referem-se aos capítulos e seus itens

Impresso em novembro de 2020